D1930544

Erfolgreiche Vorsorge- und Vermögens-planung

Eine Service-Broschüre für Erwerbstätige, Frühpensionierte und Pensionierte

Hinweis des Verlags

Die hier aufgeführten Anlagefonds und Versicherungsofferten sind nicht als direkte Produktempfehlungen zu verstehen, sondern vielmehr als anschauliche Beispiele, die dem besseren Verständnis dienen sollen. Die Meinung des Geldberaters orientiert sich am Interesse der Anleger und Anlegerinnen und muss sich keinesfalls mit der Anlagepolitik der in dieser Broschüre erwähnten Firmen decken.

Alle Personenbezeichnungen in der vorliegenden Broschüre beziehen sich auf Personen beider Geschlechter.

Alle Angaben Stand September 1997

© 1997 Jean Frey AG
Alle Rechte vorbehalten

Herausgeber: Der Schweizerische Beobachter, Zürich
Lektorat: Rebecca Tabatabai, Männedorf
Gestaltung: Atelier Binkert, Niederglatt
Umschlaggestaltung: Bruno Bolliger, Rapperswil
Umschlagphoto: Frank Schwarzbach, Zürich
ISBN 3 85569 162 2

Zum Geldberater

Giuseppe Botti, diplomierter Bankbeamter, 1943, arbeitet seit 1992 als Geldberater beim schweizerischen Beobachter. Nach Abschluss seiner Banklehre im Jahre 1959 war er bei verschiedenen Banken – während Jahren auch in leitender Stellung – tätig.

Seine detaillierten Bankkenntnisse und langjährigen Erfahrungen stellt er heute in die Dienste des schweizerischen Beobachters, wo er unabhängig und neutral jährlich zwei- bis dreitausend schriftliche Anfragen von Sparern und Sparerinnen mit unterschiedlicher Vermögensgrösse und einer breiten Auswahl von Problemstellungen beantwortet. Sein Einsatz und Wirken sind ganz dem Interesse dieser Bevölkerungsschichten gewidmet, deren uneingeschränktes Vertrauen er geniesst.

Die Kolumnen und Geldartikel im Beobachter bieten eine Fülle von praxisnahen Anlage-Beispielen mit Betonung auf Sicherheit und guten Renditen bei tragbarem Risiko. Nebst Giuseppe Bottis Beratertätigkeit im Beobachter finden auch seine Geldsendung TAFgeld im SF DRS, die Radiosendungen auf DRS 1 sowie seine intensive Vortragstätigkeit einen grossen Zuschauer- und Zuhörerkreis.

Dank

Ohne die tatkräftige Unterstützung von Fachspezialisten wäre die Realisierung dieser Broschüre nicht denkbar gewesen. Mein Dank richtet sich darum besonders an meine Beobachter-Beraterkollegen Walter Ilg (Sozialversicherungsrecht) und Toni Wirz (Familienrecht), an die Spezialistinnen und Spezialisten der Credit Suisse Group und der CS Life für das umfangreiche Ansichtsmaterial und ihren Ideen-Input, an Frau Rebecca Tabatabai, lic.rer.pol, Männedorf, für die fachbegleitende Beratung und das Lektorat sowie an Christine Klingler Lüthi für die konzeptionelle Beratung. Unterstützt wurde ich ferner in Versicherungs- und Steuerfragen von der Würth-Vorsorge, Uster, und der Tribut AG, Niederwangen b. Bern.

Giuseppe Botti

Inhalt

Einleitung

Was bietet diese Broschüre?

Das Thema der gesicherten Altersvorsorge wird immer wichtiger. Wer sich damit aber erst vom 60. Altersjahr an befasst, kann die Finanz-Weichen für den letzten Lebensabschnitt kaum mehr richtig stellen. Deshalb sollten Sie sich spätestens vom 50. Lebensjahr an intensiv um die Vorsorgeplanung kümmern. Die Lebenserwartung beträgt in diesem Alter für Männer noch 31 und für Frauen noch 35 Jahre – ein langer Zeitraum, wenn man zuviel Steuern bezahlt oder von zu tiefen Zinsen leben muss!

Angesichts der zunehmenden Staatsverschuldung und der stark gestiegenen Arbeitslosenzahlen stellen sich viele Sparerinnen und Sparer die Frage, wie sehr sie auf die Zahlungen von AHV- und Pensionskassengeldern im Alter noch zählen können. Seit 1990 verbucht die Eidgenossenschaft Defizite, und eine Rückkehr zu einem akzeptablen Budget ist nicht in Sicht. Um ihren Lebensabend zu sichern, wollen Sparerinnen und Sparer daher eine verlässliche Anleitung für ihre Vorsorgeplanung. Denn nur mit einer kombinierten Anlagestrategie – AHV, berufliche und individuelle Vorsorge – und unter Berücksichtigung der Faktoren Sicherheit, Rendite, Inflation, Erbrecht und Steuern werden Sie der sich rasch wandelnden Wirtschaftslage gerecht und können einen finanziell unbeschwerten Lebensabend planen. Eine Anleitung für diese Planung möchte die vorliegende Broschüre geben.

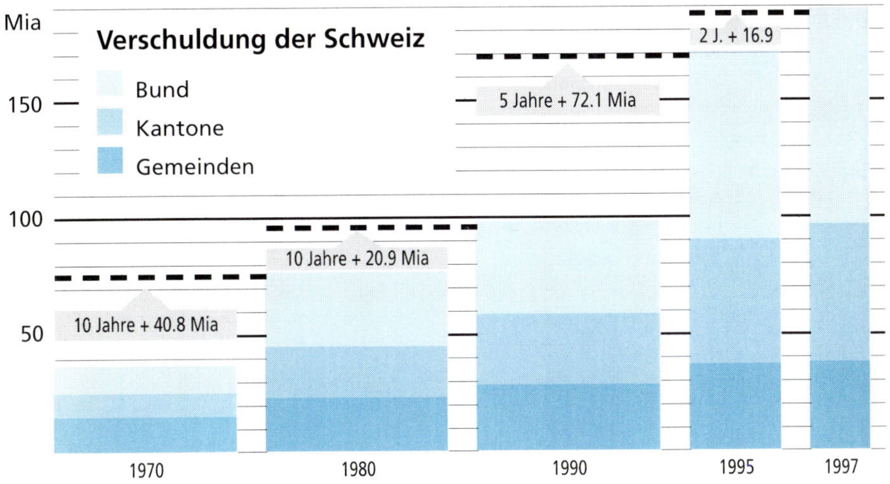

Wie ist die Broschüre aufgebaut?

In den ersten beiden Kapiteln vermittelt Ihnen diese Broschüre alles Wissenswerte zu den beiden grundlegenden Elementen der Vorsorge, AHV und berufliche Vorsorge. Das Kapitel über die berufliche Vorsorge befasst sich auch ausführlich mit der wichtigen Frage, ob Sie Ihr Altersguthaben bei der Pensionskasse als Kapital beziehen oder sich für eine Rente entscheiden sollen. Hier finden Sie Entscheidungshilfen.

Von besonderer Bedeutung ist der nächste Schritt: Rechnen Sie im dritten Kapitel aus, welchen Betrag Sie ab heute sparen müssen, damit Sie im Alter ausreichend Geld zur Verfügung haben. Als Faustregel gilt, dass Sie für einen sorgenfreien Lebensabend nach der Pensionierung mindestens 60 bis 80% des letzten Bruttoeinkommens zu Verfügung haben sollten.

Wenn Sie wissen, wieviel Sie jährlich auf die hohe Kante legen sollten, um Ihre Vorsorgelücke zu schliessen, können Sie im nächsten Kapitel nachlesen, mit welchen Mitteln Sie am ehesten zum Ziel kommen. Wählen Sie aus den vielen Bausteinen, die wir Ihnen vorstellen – übliche Geldanlagen, Fonds, Säule 3 und viele mehr – jene aus, die Ihnen entsprechen. In einem weiteren Test können Sie ferner Ihr Anlageziel ermitteln.

Weil auch Steuern in Ihrer Finanzplanung eine nicht zu unterschätzende Rolle spielen, kommen in einem weiteren Kapitel steueroptimierte Wertschriftenanlagen zur Sprache. Schliesslich widmen wir einem bekannten Vorsorgebaustein, der steuerlich attraktiven Säule 3a und 3b, ein eigenes Kapitel.

Zu einer seriösen Vorsorgeplanung gehören auch Überlegungen, die das Eigenheim betreffen. In einem Unterkapitel gehen wir in diesem Rahmen auch auf die Konsequenzen ein, die ein Pflegeheimaufenthalt nach sich ziehen kann. Schliesslich erfahren Sie im Kapitel «Über den richtigen Umgang mit Vollmachten», worauf Sie achten müssen, wenn Sie Vollmachten ausstellen.

Vorsorgebaustein 1: AHV

Will man seine Vorsorgeplanung in den Griff bekommen, so ist es unumgänglich, sich über die wichtigsten Fragen der AHV (1.Säule) und der Beruflichen Vorsorge (BVG oder 2. Säule) zu informieren. Neben anderen Versicherungselementen der Sozialversicherung sind diese zwei Komponenten die tragenden Säulen für eine sorgenfreie Zukunft in der Berufsphase und für die Sicherstellung des bisherigen Lebensstandards nach der Pensionierung.

Fragen an den Geldberater

Anbei erhalten Sie meinen Lohnausweis und eine Fotokopie der Steuererklärung. Können Sie mir bitte angeben, wie hoch meine Rente bei der Pensionierung sein wird? Ronnie Z.

Ich erhalte ein Krankentaggeld. Ist dieses AHV-pflichtig? Edwin B.

Wo kann ich erfahren, wieviel ich bisher in die Ausgleichskasse eingezahlt habe? Vivian K.

Um wieviel wird meine AHV-Rente gekürzt, wenn mir Beitragsjahre fehlen? Kuno Z.

Wird meine AHV der Teuerung angepasst? Evelyne H.

1. Säule: Die wichtigsten Infos und Regeln

Laut Verfassung gilt: Die AHV-Renten sollen den Existenzbedarf angemessen decken. Die Höchstrente darf das Doppelte der Mindestrente nicht übersteigen. Die Renten sind mindestens der Teuerung anzupassen.

Die AHV-Renten werden nach dem Umlageverfahren berechnet. Das bedeutet, dass die wirtschaftlich aktive Generation sämtliche laufenden Renten finanziert. Sie und ich zahlen mit unseren Beiträgen die jetzt fälligen Altersrenten. Unsere Renten dagegen finanzieren dereinst (hoffentlich) unsere Kinder.

Höhere Mieten und Lebenshaltungskosten treffen allerdings nicht alle Pensionierten in gleichem Masse. Oft ist es deshalb nicht möglich, den Existenzbedarf zweckmässig mit der AHV abzudecken oder den Verdienstausfall in genügendem Umfang auszugleichen.

Wer ist AHV-versichert?

- Jede Person, die in der Schweiz wohnt oder arbeitet, ist AHV- und IV-versichert.
- Beiträge zahlt (oder sollte jedenfalls zahlen), wer hier wohnt und/oder arbeitet. Selbständigerwerbende und Nichterwerbs-

tätige schlüpfen zuweilen durch die Maschen des Gesetzes, ohne dass sie sich der Konsequenzen bewusst sind. Denn wer keine oder zuwenig Beiträge bezahlt, erhält im Alter und in noch stärkerem Masse bei Invalidität eine tiefere Rente.

Beitragspflicht

Die Beitragspflicht beginnt für Erwerbstätige – inklusive Lehrlinge – am 1. Januar nach dem vollendeten 17. Altersjahr und für Nichterwerbstätige am 1. Januar nach Vollendung des 20. Altersjahrs.

Nichterwerbstätige sind ebenfalls beitragspflichtig; sie haben den Jahres-Mindestbeitrag von Fr. 390.– zu entrichten. Zu dieser Gruppe gehören zum Beispiel IV-Rentner, Privatiers, nichterwerbstätige Witwen sowie die verheirateten Hausfrauen, deren prozentualer Anteil an der Gesamtgruppe nach wie vor am höchsten ist. Für eine verheiratete Person gilt der AHV-Beitrag jedoch als entrichtet, wenn ihr Ehepartner aus Erwerb mindestens das Doppelte des minimalen AHV-Beitrags (Fr. 780.–) zahlt.

Splitting

Neu wurde mit der 10. AHV-Revision der Wechsel vom Ehepaarsystem zum Individualrentensystem mit Einkommenssplitting eingeführt. Ebenfalls neu ist, dass nun alle Personen einen vom Zivilstand unabhängigen Anspruch auf eine AHV/IV-Rente haben. Für laufende Renten ändert sich jedoch bis zum Jahr 2001 nichts. Wird ein Ehepartner Neurentner, so bezieht sich sein Rentenanspruch nach wie vor auf seine eingezahlten Beträge. Erst mit Fälligkeit der zweiten Rente, respektive bei Fälligkeit einer Ehepaar-Rente, wird das Splitting durchgeführt. Beim Splitting werden die Einkommen der Ehepartner – inklusive Erziehungs- bzw. Betreuungsgutschriften – aufaddiert und je hälftig auf zwei Konten geführt. Dies bildet dann die Grundlage für die Rentenberechnung gemäss neuem AHV-Recht. Es ist also für die künftigen Rentenansprüche von Ehepartnern unwichtig, ob der Mann oder die Frau den grösseren Teil zum AHV-pflichtigen Erwerbseinkommen beiträgt.

Nach einer Scheidung wird ebenfalls ein Einkommenssplitting vorgenommen. Es ist empfehlenswert, diese Aufteilung möglichst bald nach der Scheidung zu verlangen, denn dies vereinfacht später die Rentenberechnung.

Erwerbstätig im Rentenalter

Erwerbstätige im AHV-Alter mit Einkommen (pro Arbeitgeber) von mehr als Fr. 1400.– im Monat oder über Fr. 16 800.– im Jahr zahlen ebenfalls AHV-Beiträge. Das gilt auch für Selbständigerwerbende. Beitragspflichtig ist nur dasjenige Einkommen, welches diese Beträge übersteigt. Diese Beitragszahlungen sind jedoch nicht rentenbildend.

Was kostet mich die AHV?

Für Arbeitnehmer muss der Arbeitgeber einen AHV-Beitrag von 8,4 % der Brutto-Lohnsumme abrechnen und abliefern. Der Betrag verteilt sich meist je hälftig auf Arbeitgeber und Arbeitnehmer. Selbständigerwerbende zahlen je nach Finanzkraft gemäss der sogenannten «sinkenden Beitragsskala» 4,2 bis 7,8 % des steuerbaren Reineinkommens als AHV-Beitrag ein. Nichterwerbstätige (z.B. Studenten, Privatiers, IV-Rentner) zahlen vom vollendeten 20. Altersjahr an bis zum AHV-Alter Beiträge gemäss ihrem Einkommen und Vermögen. Mit dem AHV-Beitrag werden den Erwerbstätigen gleichzeitig auch die Beiträge für die Invalidenversicherung (IV: 1,2%) und die Erwerbsersatzordnung für Militär-/Zivilschutzpflichtige (EO: 0,5%) abgezogen. Auch diese werden jeweils zur Hälfte auf Arbeitgeber und Arbeitnehmer verteilt.

Freie Mitarbeiter: Arbeitnehmer oder Selbständigerwerbende?

Probleme gibt es oft, wenn Firmen Aufträge an sogenannte freie Mitarbeiter vergeben und glauben, diese seien für die AHV Selbständigerwerbende. Die AHV achtet heute streng darauf, dass nur wirklich selbständige Geschäftsleute auch AHV-rechtlich als solche taxiert werden. Sind nicht alle Voraussetzungen erfüllt, so wird die Ausgleichskasse einen Arbeitsvertrag nach OR annehmen und vom Auftrag- bzw. Arbeitgeber Beiträge fordern.

Geldberater-Tip:
Klären Sie unbedingt frühzeitig bei der Ausgleichskasse ab, ob Sie tatsächlich als Selbständigerwerbender gelten. Das ist wichtig, weil sich auch andere Sozialversicherungen (obligatorische Unfallversicherung, Krankenversicherung, Pensionskasse) nach dem Entscheid der AHV richten.

Leistungen der AHV

(alle Angaben Stand 1997)

- Frauen haben zurzeit noch vom vollendeten 62. Altersjahr (ab 2001 vom 63., ab 2005 vom 64. Altersjahr) an, Männer ab dem 65. Altersjahr individuelle Renten in Höhe von Fr. 995.– bis Fr. 1990.– pro Monat zugute, sofern ihnen dank vollständiger Beitragszeit eine volle Rente zusteht.
- Die Renten für Ehepaare sind auf insgesamt 150% der maximalen individuellen Rente und damit auf Fr. 2 985.– begrenzt.
- Kinder-/Halbwaisenrenten betragen 40 % der individuellen Renten oder Fr. 398.– bis Fr. 796.–.

Maximal- und Minimalrente

	Ehepaare	Einzelrente
Maximalrente	Fr. 2985.–	Fr. 1990.–
Minimalrente	Fr. 1493.–	Fr. 995.–

(Einzelrente Minimum Fr. 995.– x 150% = Fr. 1493.– Minimalrente Ehepaar)

- Vollwaisenrenten belaufen sich auf 60% der individuellen Renten oder auf Fr. 597.– bis Fr. 1194.–.
- Witwen-/Witwerrenten schliesslich bringen zwischen Fr. 796.– und Fr. 1592.– (maximal 80% der einfachen Rente, welche die verstorbene Person bekommen hätte).

Witwenrenten erhalten Frauen zugesprochen, die Kinder haben. Dagegen haben kinderlose Witwen nur dann Anspruch, wenn sie mindestens fünf Jahre verheiratet waren und das 45. Altersjahr zurückgelegt haben.

Geschiedene Frauen, deren Ex-Ehemann stirbt, haben ebenfalls Witwenrenten zugute, sofern sie eine der folgenden drei Bedingungen erfüllen: Wenn sie ein Kind oder mehrere Kinder haben und über zehn Jahre lang verheiratet waren, wenn die Ehe mindestens zehn Jahre gedauert hat und die Frau bei der Scheidung über 45 Jahre alt war oder falls das jüngste Kind der Frau sein 18. Altersjahr nach dem 45. Alterjahr der Mutter vollendet hat.

Geschiedene Frauen, denen in der Vergangenheit keine AHV-Witwenrente zustand, weil sie keinen persönlichen Unterhaltsanspruch hatten, können sich seit dem 1. Januar 1997 bei der zuständigen Ausgleichskasse melden und rückwirkend ab Januar 1997 eine Witwenrente beantragen.

Rentenberechnung

Persönliche Maximalrente

Männer erreichen ihre Maximalrente nach 44 und Frauen nach 41 Beitragsjahren, sofern sie seit dem 20. Altersjahr ununterbrochenen eingezahlt haben. Wer nicht lückenlos vom 20. Altersjahr an bis zum AHV-Alter einzahlt, erhält lediglich eine Teilrente. Mit Beiträgen, die vor dem 20. Altersjahr bezahlt worden sind, werden Lücken gefüllt. Für jedes fehlende Beitragsjahr sinkt die Rente um 2,26 bis 2,27%. IV-Rentner trifft es noch härter: Bei kurzer Beitragszeit wirken sich Lücken prozentual stärker aus. Teilrenten können bei entsprechendem Einkommensdurchschnitt über der vollen Minimalrente liegen, sie können jedoch nie die Maximalrente erreichen.

Beitragsjahrkürzungen: Ein Beispiel

Für nur 31 Erwerbsjahre rechnet sich die Kürzung wie folgt: 44 mögliche Beitragsjahre abzüglich 31 Erwerbsjahre ergibt 13 fehlende Jahre. Pro fehlendes Beitragsjahr reduziert sich die AHV-Rente um 2,26%. Somit ergibt sich aus 13 x 2,26% ein Total von rund 30%. Die Restrente beträgt noch 70% einer vollen Rente.

Bei fehlenden Beitragsjahren kann man für höchstens fünf vorangegangene Jahre AHV-Nachzahlungen leisten, sofern man dem Versicherungsobligatorium unterstellt war. Bei Auslandaufenthalten können bis zu fünf fehlende Beitragsjahre unter gewissen Voraussetzungen durch Anrechnung von Gratisjahren und Jugendjahren (Alter 18 bis 20) nachgezahlt werden.

Kontenzusammenruf

Wer prüfen will, ob seine Beitragszeit bei der AHV lückenlos ist und alle Beiträge abgerechnet sind, kann von der AHV-Ausgleichskasse, bei der zuletzt Beiträge bezahlt wurden, einen sogenannten Kontenzusammenruf verlangen. Sind alle Konten beisammen, so kann die Ausgleichskasse auch schätzen, wie hoch die Rente gemessen am erreichten Durchschnittseinkommen sein wird. Je näher das AHV-Alter liegt, desto genauer kann Auskunft über die Rentenhöhe gegeben werden. Dieses Vorgehen lohnt sich auf jeden Fall, denn es ist für Laien praktisch unmöglich, die eigene Rente zu berechnen. Für die Rentenberechnung werden alle Beitragsjahre ermittelt und danach die AHV-pflichtigen Einkommen aller Jahre addiert. Die so ermittelte Summe wird durch die Zahl der Beitragsjahre geteilt. Das effektive AHV-pflichtige Einkommen wird sodann der Lohn- und Preisentwicklung vom ersten Beitragseintrag an angepasst (sogenannte Aufwertung). Das aufgewertete AHV-pflichtige Einkommen ist das für die Rentenhöhe massgebende Durchschnittseinkommen.

Liegen die Berechnungsgrundlagen – Beitragsdauer und massgebendes (aufgewertetes) Durchschnittseinkommen – vor, so wird die Rente nach folgender Formel berechnet:

- Bei massgebenden Durchschnittseinkommen bis zum 36fachen der einfachen Mindestalterrente (Fr. 38 820.–) macht der feste Rententeil 74/100 (Fr. 737.–) und der variable Teil 13/600 des massgebenden Durchschnittseinkommens aus.
- Bei massgebenden Durchschnittseinkommen, welche die 36fache Minimalaltersrente übersteigen, beträgt der feste Rententeil 104/100 (Fr.1035.–) der einfachen Mindestaltersrente und der variable Teil 8/600 des massgebenden Durchschnittseinkommens.

Maximalrenten gibt es ab einem massgebenden Durchschnittseinkommen von Fr. 71 640.–. Minimalrenten erhalten Personen mit einem massgebenden Durchschnittseinkommen von weniger als Fr. 11 908.–. Die Anmeldung für die AHV-Rente ist mindestens drei Monate vor dem Bezug einzureichen. Die gleiche Frist gilt bei vorzeitigem Bezug.

Erziehungs- und Betreuungsgutschriften

Neu enthält das massgebende Durchschnittseinkommen neben den effektiven Beiträgen auf AHV-pflichtigem Einkommen zusätzlich auch Erziehungs- und Betreuungsgutschriften. Im individuellen Konto jeder Person wird für Jahre, in denen sie Kinder im Alter von 0 bis 16 Jahren hatte, von Amtes wegen die Erziehungsgutschrift notiert. Damit die Ausgleichskassen das tun können, wird im Anmeldeformular für die AHV-Rente nach Kindern und deren Geburtsdatum gefragt. Die Gutschrift pro Jahr, die zum übrigen AHV-pflichtigen Einkommen hinzugerechnet wird, beträgt 1997 (aufgewertet) Fr. 35 820.–. Auch diese Gutschriften werden für Ehejahre gesplittet (je zur Hälfte auf die Ehepartner verteilt), sobald der zweite Partner die AHV erhält. Alleinerziehende Elternteile haben selbstverständlich Anrecht auf die volle Gutschrift. Nach einer Scheidung hat derjenige Elternteil Anspruch auf die Gutschrift, dem die Kinder zugesprochen worden sind. Erziehungsgutschriften werden auch für Kinder angerechnet, die vor 1997 geboren sind. Erziehungsgutschriften verbessern vor allem die Rentenansprüche von Frauen, besonders diejenigen von alleinerziehenden und geschiedenen.

Auch Frühpensionierte müssen AHV zahlen

Wer vorzeitig pensioniert wird, muss seine AHV-Beiträge bis zum ordentlichen AHV-Alter weiterhin einzahlen. Die Berechnung erfolgt auf der Grundlage des Vermögens, des übrigen Einkommens zuzüglich der 20fachen Pensionskassen-Rente (für Verheiratete auf dem gemeinsamen Einkommen/Vermögen), sowie von Renten und Pensionen, Leibrenten, Alimenten und anderen Einkünften. Ein Rechenbeispiel finden Sie auf Seite 15.

Vorzeitiger oder aufgeschobener Rentenbezug?

Männer können heute schon vom vollendeten 64. Altersjahr an AHV-Rente beziehen. Vom Jahr 2001 an kann die Rente um zwei Jahre vorbezogen werden. Sie wird in diesem Fall aber auch gekürzt. Pro Vorbezugsjahr verringert sie sich um 6,8% (um Fr. 68.– bis Fr. 136.– pro Monat).

Rechenbeispiel:
Mann, Pensionierung mit Alter 60, Renteneinkommen von monatlich Fr. 3 000.–, Vermögen von Fr. 220 000.–:

Vermögen:	Fr. 220 000.–
20faches Renteneink. (3000 x 12 Monate x 20)	+ Fr. 720 000.–
Total	**Fr. 940 000.–**
jährlicher Beitrag gemäss nachfolgender Tabelle:	Fr. 1414.–

Beitragstabelle

Vermögen + 20faches Renteneinkommen		AHV/IV/EO-Beiträge/Jahr
unter	Fr. 250 000.–	Fr. 390.–
ab	250 000.–	404.–
	300 000.–	505.–
	350 000.–	606.–
	400 000.–	707.–
	450 000.–	808.–
	500 000.–	909.–
	750 000.–	1414.–
	1 000 000.–	1919.–
	1 250 000.–	2424.–
	1 500 000.–	2929.–
	1 750 000.–	3434.–
	pro weitere Fr. 50 000.–	+ Fr. 151.50

Frauen (ihr Rentenalter soll ab 2001 auf 63 und ab 2005 auf 64 Jahre erhöht werden) können den Rentenbeginn vom Jahr 2001 an um ein Jahr vorverlegen und auch weiterhin im Alter von 62 Jahren AHV-Rente beziehen. Frauen des Jahrgangs 1942 ist ab 2005 erstmals der Vorbezug um zwei Jahre möglich. Die Rentenkürzung für Frauen mit den Jahrgängen 1939 bis 1947 ist nur halb so hoch wie jene für Männer, nämlich 3,4% pro Vorbezugsjahr. Damit wollte das Parlament den Frauen die Erhöhung des Rentenalters ein wenig versüssen.

Der Rentenaufschub ist für mindestens ein Jahr und höchstens fünf Jahre möglich. Neu gilt die Aufschubszeit auch für verwitwete Personen (während der Aufschubszeit entfällt allerdings auch die Witwen-/Witwerrente). Durch den Aufschub steigt die Höhe der monatlichen Rente. Der Zuschlag entspricht 5,2% für einen Aufschub über ein Jahr und 31,5% für einen solchen über fünf Jahre. Es ist jederzeit möglich, den Aufschub wieder aufzuheben und die Rente sofort zu beziehen. Die gesamte Rente, einschliesslich des durch Aufschub erworbenen Zuschlags, wird an die Teuerungs- und Lohnentwicklung angepasst. Wenn Sie die Rentenleistung aufschieben, erhalten Sie lebenslang eine höhere Rente:

Aufschub um 1 Jahr	5,2%
Aufschub um 2 Jahre	10,8%
Aufschub um 3 Jahre	17,1%
Aufschub um 4 Jahre	24,0%
Aufschub um 5 Jahre	31,5%

Merkblätter

Beim Beobachter-Leserservice, Postfach, 8021 Zürich, oder unter Telefonnummer 01 448 89 81 können Broschürenleser folgende Merkblätter zum Preis von Fr. 3.– beziehen: Ergänzungsleistungen zu AHV/IV-Renten; Merkblatt über die Rückforderung von Sozialversicherungsleistungen; Informationen zur Invalidenversicherung (IV) und zu den Hilflosenentschädigungen von AHV und IV.

Vorsorgebaustein 2: Berufliche Vorsorge (BVG)

Fragen an den Geldberater

Soll ich mein Freizügigkeitskonto bei der Bank oder bei einer Versicherung errichten? Maya B.

Wie hoch schätzen Sie das Risiko eines fondsgebundenen Freizügigkeitskontos und die Mehrrendite gegenüber einem konventionellen Freizügigkeitskonto ein? Werner H.

Lohnt es sich für mich als 40jährigen noch, in die Pensionskasse nachzuzahlen, um die Altersleistungen zu erhöhen? Wie steht es in diesem Fall mit den Steuern? Gery K.

Die obligatorische 2. Säule ist auch unter dem Begriff «berufliche Vorsorge» bekannt. Dank dieser 2. Säule hat jeder Versicherte im Alter ein «Sparheftguthaben». Die Statuten und Reglemente der Pensionskassen regeln die Pensionierung, den Bezug für Wohneigentum und den Kapitalbezug infolge Pensionierung sehr unterschiedlich. Genauere Auskünfte sind direkt bei der Vorsorgestiftung erhältlich. Nachstehende Informationen bilden eine kleine Auswahl aus den zahlreichen BVG-Bestimmungen. Auf die grundlegende Frage, ob Sie sich für den Kapitalbezug oder eine Rentenlösung entscheiden sollten, geht das Teilkapitel «Ein wichtiger Entscheid: Bezug des Pensionskassenkapitals oder Rentenlösung?» (Seite 22) ein. Hier finden Sie auch einen kleinen Test, der Ihnen diesen Entscheid mit weitreichenden Konsequenzen leichter machen soll.

BVG-Obligatorium

Die 2. Säule ist eine obligatorische Versicherung; gleichwohl sind die Leistungen nur auf einem Minimum angesetzt. Viele Pensionskassen bieten jedoch gegen höhere Prämien weitergehende Leistungen an.

Nicht alle Angestellten sind der 2. Säule unterstellt. Das Obligatorium beginnt zwar am 1. Januar nach dem vollendeten 17. Altersjahr, doch die Beitragspflicht fängt erst bei einem Jahreseinkommen von Fr. 23 880.– an und erstreckt sich bis auf ein Jahreseinkommen von Fr. 71 640.–. Für die Festlegung des versicherten Lohnes zieht die Pensionskasse vom Jahreslohn den Koordinationsbetrag (Fr. 23 880.–) ab.

Beispiel: Peter K. tritt am 1. März eine neue Stelle als Hotelportier an. Gemäss Arbeitsvertrag erhält er einen monatli-

chen Bruttolohn von Fr. 4100.–, zuzüglich eines 13. Monatslohnes. Der versicherte Lohn wird wie folgt berechnet:
13 x Fr. 4100.– = Fr. 53 300.–, minus Koordinationsabzug von Fr. 23 880.– ergibt einen versicherten Lohn von Fr. 29 420.–.

Der versicherte Lohn bildet die Basis der Beitragsberechnung für die Altersgutschriften. Die Prämien hängen nicht nur von diesem Betrag, sondern auch vom Alter ab.

Anteil Lohnprozente vom versicherten Lohn:

Alter Männer	Alter Frauen	Lohnprozente
25 – 34	25 – 31	7%
35 – 44	32 – 41	10%
45 – 54	42 – 51	15%
55 – 65	52 – 62	18%

Der Arbeitnehmeranteil beträgt in der Regel die Hälfte der oben aufgeführten Lohnprozente.

Altersleistungen

Kassen mit Leistungsprimat zahlen eine von der Höhe des letzten Lohnes abhängige Rente aus. Bei Kassen mit Beitragsprimat orientiert sich die Rente vollumfänglich an den eingezahlten Beiträgen: Je mehr eingezahlt wurde, desto höher die Rentenleistung. Immer mehr Kassen wechseln vom Leistungs- ins Beitragsprimat. Das Altersguthaben ergibt sich bei den Beitragsprimatkassen aus den Ansprüchen, die aus den monatlichen Beiträgen der versicherten Person und des Arbeitgebers resultieren. Dieses Guthaben muss laut Gesetz zu mindestens 4% verzinst werden. Die Altersrente wird fällig, wenn das Pensionierungsalter erreicht ist; die BVG-Rente beträgt jeweils 7,2% des Altersguthabens.

Früh- oder Spätpensionierung?

Die Auswirkungen einer vorzeitigen respektive einer späteren Pensionierung – Männer können ihre Pensionierung auf ein Alter von maximal 70, Frauen auf ein Alter von maximal 67 Jahren hinausschieben – auf die Rentenhöhe sind in der Tabelle auf Seite 19 aufgeführt.

Mit der Heraufsetzung des AHV-Alters der Frauen auf den 63. Geburtstag im Jahre 2001 und den 64. Geburtstag im Jahre 2005 wird gleichzeitig auch das normale Pensionsalter bei der Pensionskasse erhöht. Von den gesetzlichen Bestimmungen her sind die Pensionskassen aber freier. Sie können ein anderes Pensionierungs-

Pensionierungsalter Männer	Frauen	Rentenhöhe in %
62		76
63	60	84
64	61	92
65	62	100
66	63	108
67	64	116
68	65	124
69	66	132
70	67	140

alter bestimmen oder auf Spezialwünsche der Versicherten eingehen. Optisch ergibt sich zwar im Fall des Rentenaufschubs eine wesentlich höhere Rente. Vergessen Sie aber nicht, dass auch das Steueramt für die Mehrleistung die hohle Hand hinhält.

Einkommenssteuer auf Pensionskassenrenten

Pensionskassenrenten sind als Einkommen zu versteuern. Sie werden zusammen mit dem übrigen Einkommen besteuert. Renten, die vor dem Jahr 2002 zu laufen beginnen, werden zu 80% besteuert, sofern das Vorsorgeverhältnis am 1. Januar 1987 bereits bestanden hat. In AR, SG und TG gilt der 1. Januar 1985, in ZH und BS der 1. Januar 1986 als Stichdatum. Renten, deren Auszahlung nach dem 1. Januar 2002 beginnt, sind in allen Kantonen zu 100% einkommenssteuerpflichtig.

Einkommenssteuer auf Kapitalbezug

Auch der einmalige Kapitalbezug unterliegt der Besteuerung. In vielen Kantonen kommt bei der Kapitalauszahlung der günstigere Rentensatz zur Anwendung.

Freizügigkeitsleistungen

Die seit dem 1. Januar 1995 geltende neue Freizügigkeitsregelung vereinfacht die Berechnung der Freizügigkeitsleistung im Fall des Austritts bei einem Arbeitgeber ganz und gar nicht. Die Freizügigkeitsleistung hängt immer noch vom Kassentypus (Leistungs- oder Beitragsprimat) ab. Weniger schwierig ist die Berechnung bei Kassen mit Beitragsprimat. Mitgenommen werden kann das gesamte bis zum Austritt angesparte Alterskapital. Dazu gehören nebst den eigenen Beiträgen auch diejenigen des Arbeitgebers, inklusive aller Zinsen. Die bisherige Vorsorgeeinrichtung ist gesetzlich dazu verpflichtet, den Freizügigkeitsbetrag an die neue Vorsorgeeinrichtung zu übertragen. Infolge der steigenden Zahl von Frühpensionierungen und des gesetzlich eingeschränkten Vorbezugs (Kauf Eigenheim, Amortisation Hypothek, Auswanderung, Aufnahme einer selbständigen Erwerbstätigkeit) liegen diese Guthaben immer öfters während längerer Zeit auf dem Freizügigkeitskonto. Findet die versicherte Person nicht gleich eine neue Stelle oder wird sie arbeitslos, so stehen zwei Lösungsvarianten zu Verfügung:

- Eröffnung eines Freizügigkeitskontos bei einer Bank
- Errichtung einer Freizügigkeitspolice bei einer Versicherungsgesellschaft.

Da solche Freizügigkeitsguthaben oft bis zur Pensionierung liegen bleiben, beginnt hier bereits die frühzeitige, auf das persönliche Anlageziel und die individuelle Risikobereitschaft ausgerichtete Vorsorgeplanung.

Freizügigkeitskonto

Das Freizügigkeitskonto bei einer Bank bietet einen Vorzugszins, in der Regel jedoch keinen zusätzlichen Versicherungsschutz. Weder Zinserträge noch das Guthaben sind steuerpflichtig. Ein Bankwechsel ist jederzeit möglich, allerdings nicht mit einem Teilbetrag, sondern nur mit dem gesamten Guthaben.

Wertschriftenverwaltetes Freizügigkeitskonto

Neben dem konservativen Freizügigkeitskonto mit festem Zinssatz bieten die Banken auch die Möglichkeit, das Guthaben einer Anlagestiftung anzuvertrauen, die das Geld in BVG-konformen Wertpapieranlagen investiert. So erwirbt zum Beispiel die Credit Suisse Anlagestiftung Mixta-BVG-Ansprüche. In Zeiten tiefer Zinsen birgt diese Anlagevariante für Kunden einen grossen Anreiz, denn die potentiell höheren Renditen übertreffen die sonst üblichen Zinskonditionen deutlich. Allerdings sollte das Kursrisiko dabei nicht unterschätzt werden. Diese Variante ist deshalb nur für ein längerfristiges Freizügigkeitsverhältnis ab 5 Jahren Dauer empfehlenswert. Falls dagegen schon bald eine neue Stelle winkt, ist das konservative Bankkonto eine bessere Lösung mit geringerem Risiko. Für längerfristige Freizügigkeitskonti, die zum Beispiel bis zum tatsächlichen Pensionsalter gehalten werden, kann die Anlagestiftung eine rentablere Anlagevariante sein. Je nach Entwicklung der Geld- und Kapitalmärkte und je nach Zeitpunkt der Errichtung ist aber nicht auszuschliessen, dass die Rendite bei der Auszahlung geringer ist oder der Auszahlungsbetrag im schlimmsten Fall sogar unter der Stammeinlage liegt. Bedenken Sie, dass es für ein wertschriftenverwaltetes Freizügigkeitskonto keine Renditegarantien gibt. Auch bei den Versicherungsgesellschaften sind konventionelle Freizügigkeitspolicen und fondsgebundene Lösungen erhältlich, für welche die gleichen Überlegungen zutreffen. Zum Schutze des Versicherten verhindern die Anlagevorschriften der Banken und der Versicherungen, dass mehr als 50% des Freizügigkeitskapitals in Aktien angelegt werden können.

Einkauf in die Pensionskasse

Ein Einkauf in die Pensionskasse hilft Steuern sparen und bessert die Altersvorsorge auf. Beiträge, die in früheren Jahren – zum Beispiel wegen längeren Auslandaufenthalten – nicht entrichtet worden sind, können nachträglich in die Pensionskasse eingezahlt werden. Zusätzliche Einzahlungen sind auch als Erhöhungsbeiträge neben den ordentlichen Beiträgen möglich. Eine Verteilung der Einzahlung auf fünf Jahre ist sinnvoll. Damit kann die jährliche Steuerprogression namhaft reduziert werden, weil die Einzahlungen in der Steuererklärung vom Einkommen abgezogen werden können. Ein Abzug ist aber nur möglich, wenn drei Bedingungen erfüllt sind:

- die Voraussetzungen im Pensionskassenreglement
- die Beachtung des Grundsatzes der Angemessenheit
- die Beachtung der Übergangsregelung (Pensionierung nach 2001).

Im Pensionskassenreglement muss die maximale Höhe des Einkaufs festgehalten sein. Als angemessen gilt bei einer Kasse mit Leistungsprimat ein Leistungsziel von 60 bis 70% des letzten Nettolohnes. Im Fall der Beitragsprimatkasse darf nachgezahlt werden, sofern das angesparte Altersguthaben noch nicht der Höchstsumme entspricht, die man seit dem Mindestaufnahmealter (meist 25 Jahre) hätte einzahlen können.

Geldberatertips:

- *Wenn Sie in einen anderen Kanton umziehen, sollten Sie in den letzten beiden Jahren vor dem Wegzug keine Einzahlungen vornehmen, denn Abzüge können Sie wegen der Bemessungslücke steuerlich nicht geltend machen. Umgekehrt sollten Sie innerhalb der ersten beiden Jahre nach einem Umzug sofort solche Einzahlungen leisten. Vielleicht können Sie diese Nachzahlungen gleich doppelt geltend machen – erstens in der Gegenwartsbemessung und zweitens in der ordentlichen Vergangenheitsbemessung.*
- *Haben Sie keine Hemmungen, Ihr Sparkonto um den Betrag zu plündern, den Sie langfristig nicht benötigen. Allfällige Eigenheimträume können Sie trotzdem realisieren. Mehr zu diesem Thema im Kapitel «Vorsorgebaustein 7: Eigenheim» (Seite 62).*

Lassen Sie sich den nachzahlungsfähigen Betrag von der Pensionskassenstiftung direkt ausrechnen.

Ein wichtiger Entscheid: Bezug des Pensionskassenkapitals oder Rentenlösung ?

Diese bedeutende Frage muss bis 3 Jahre vor der Pensionierung geklärt sein, weil Sie den Kapitalbezug meist zu diesem Zeitpunkt anmelden müssen. Sie sollten sich deshalb rechtzeitig damit befassen.

Eines ist klar: Wählen Sie die Rentenlösung, so wird Ihr Alterskapital bis ans Lebensende zu 7,2% verzinst. Zählen Sie vor dem 1. Januar 2001 zu den Rentenbezügern, so bleibt Ihre Rente bis ans Lebensende nur zu 80% steuerbar. Dagegen müssen alle anderen ihre Rente zu 100% versteuern. Ein teurer Spass für das teils sogar selbst eingezahlte Kapital! (In den Kantonen bestehen während der Übergangsfrist unterschiedliche Regelungen.) Mit der Wahl der Rentenlösung entledigen Sie sich anderseits der Sorge um die Verwaltung des Vermögens. Bevor Sie aber einen so wichtigen Entscheid treffen, müssen Sie alle Vor- und Nachteile des Renten- oder Kapitalbezugs kennen. Es gibt dabei allerdings nur grundsätzliche Überlegungen; den definitiven Entscheid müssen Sie letzten Endes persönlich treffen.

Berücksichtigen Sie in Ihren Überlegungen auch, dass Ihre Gattin nach Ihrem Tode mit der Rentenlösung nur noch 60% der PK-Rente erhält und die Erben nach deren Tod gänzlich leer ausgehen. Falls die Gattin eine Pensionskassenrente bezogen hat und stirbt, erhält der Witwer in den meisten Fällen überhaupt keine Rente. Bei zwei verheirateten Pensionskassenbezügern ist daher auch ein Entscheid für die Auszahlung und der zweite für die Rentenlösung eine Alternative. Auch Unverheiratete erhalten aus der Pensionskasse ihres Partners keinen Franken. Bei vielen Pensionskassen ist zudem die Anpassung an die Teuerung nicht vertraglich geregelt.

Immer mehr fortschrittliche Pensionskassen bieten heute die Möglichkeit einer Aufteilung zwischen Rente und Kapitalbezug. Neben steuerlichen Überlegungen – die Auszahlung wird besteuert – und möglichen Nachteilen für den Ehepartner steht bei einem Entscheid für den Kapitalbezug öfter, als man glaubt, auch die künftige Sicherheit der Pensionskasse im Vordergrund. Doch ein Hauptgrund für den steigenden Trend zur Auszahlung ist die künftig höhere Besteuerung der Renten.

Der folgende Test ist eine Entscheidungshilfe. Geben Sie pro Aussage, die zutrifft, je einen Punkt und zählen Sie dann die Gesamtpunktzahl zusammen.

Für Rentenbezug		Für Kapitalbezug	
• Ich würde eine Rente begrüssen, weil sie lebenslang garantiert ist		• Ich habe Erfahrung im Geldanlegen	
• Ich möchte überhaupt keine Risiken eingehen		• Ich möchte flexibel über mein Geld verfügen können	
• Meine Gesundheit ist so gut, dass meine Lebenserwartung hoch ist		• Meine Erben sollen von meinem Pensionskassenguthaben profitieren können	
• Weder Anlagefonds noch Einmaleinlagen sind mir sympathisch		• Ich habe vor, eine Einmaleinlage zu tätigen	
• Bei uns ist der Gatte bedeutend älter als die Gattin		• Bei uns ist die Gattin nicht wesentlich jünger als der Gatte	
• Ich habe wenig Erfahrung mit der Verwaltung von so hohen Beträgen		• Ich habe Kinder, die wir finanziell unterstützen müssen	
• Ich habe sonst genügend Vermögen als Reserve		• Ich habe keine Bedenken, in Anlagefonds zu investieren	
• Mich reuen die Steuern, die bei einer Kapitalauszahlung anfallen		• Eine Entlastung von den Hypothekarzinsen ist dringend	
• Ich habe keine Erben, die von einer Kapitalzahlung profitieren könnten		• Mein Geld soll inflationsgeschützt sein	
Total Punkte		**Total Punkte**	

Die Höhe der Rente, die Sie beziehen können, ist Ihnen bekannt (7,2% des Alterskapitals). Ziehen Sie nun vom Betrag, den Sie bei einer Kapitalauszahlung erhalten würden, die mutmassliche Steuer – sie kann direkt beim Steueramt angefragt werden – ab. Der Restbetrag bleibt Ihnen als Anlagevermögen zur Verfügung – Sie müssen ihn so gewinnbringend investieren, dass Sie gegenüber der Rentenlösung möglichst keinen Nachteil oder sogar einen Vorteil erzielen. Wenn Sie nun den Betrag zum Beispiel in Obligationen anlegen, so bleibt Ihnen nach Abzug der Steuern bedeutend weniger Geld übrig als mit der Rentenlösung. Es gibt daher keine andere Möglichkeit, die Rentenhöhe zu erreichen, als – in voller Kenntnis der Kursrisiken – teilweise auch Anlagen wie z.B. Aktienfonds zu berücksichtigen. Ausserdem sollten Sie, bevor Sie sich für oder gegen den Kapitalbezug entscheiden, auch bei mindestens zwei Versicherungsgesellschaften rechtzeitig Einmaleinlage-Offerten einholen. Sind Sie jedoch auf einen Rentenbetrag in mindestens dieser Höhe angewiesen und können Sie sich überhaupt keinen Risikospielraum leisten, so lautet Ihr Entscheid eindeutig: Rentenlösung.

Test Nr. 1: Soviel Geld müssen Sie bis zur Pensionierung noch sparen

Für einen sorgenfreien Lebensabend sollten nach der Pensionierung mindestens 60 bis 80% des letzten Bruttoeinkommens für den Lebensunterhalt zur Verfügung stehen. Mit der nachfolgenden Berechnungstabelle bekommen Sie das Schreckgespenst Vorsorgelücke in den Griff. Bekannt ist, dass AHV und Pensionskassenleistungen zusammen nicht mehr als 60% des bisherigen Einkommens erreichen können. Für höhere Einkommen reduziert sich dieser Prozentsatz. Das heisst: je höher Ihr heutiges Einkommen, desto tiefer dieser Prozentsatz und desto grösser Ihre Vorsorgelücke. Es ist deshalb entscheidend, dass Sie Ihr Vermögen, das Pensionskassenguthaben sowie die Guthaben aus der gebundenen Vorsorge Säule 3a und der freien Vorsorge Säule 3b gemäss Ihrer persönlichen Risikobereitschaft und Ihrem individuellen Anlageziel rendite- und steueroptimiert einsetzen.

Berechnungstabelle Altersvermögen und Sparziel

Beispielrechnung:
Mann, Alter heute 55,
ordentliches Pensionierungsalter 65

	Beispiel	*Ihre persönliche Berechnung:*
1. Schritt: Berechnung Jahresbedarf ab Pensionierung		
heutiges Nettoeinkommen gemäss Lohnausweis	Fr. 90 000.–	*Fr.*
erwünschtes Einkommen ab Pensionierung, z.B. 70 % des heutigen Nettoeinkommens	Fr. 63 000.–	*Fr.*
abzüglich:		
• mutmassliche AHV-Rente	- Fr. 20 000.–	*Fr.*
• Pensionskassenrente [1)]	- Fr. 25 000.–	*Fr.*
• heutige Erträge aus Wertschriften (z.B. Fr. 60 000.– à 5 %)	- Fr. 3000.–	*Fr.*
ergibt: Jahresbedarf ab Alter 65:	**Fr. 15 000.–**	***Fr.***

2. Schritt: Berechnung Lebenserwartung ab Pensionierung

Mann im Alter 55 hat laut Tabelle (s. Seite 26) eine Lebenserwartung von 81 Jahren. Differenz zwischen ordentlichem Pensionsalter und Lebenserwartungsalter:

81 – 65 = 16 **16 Jahre** *Jahre*

3. Schritt: Berechnung Kapitallücke

Kapitallücke: 16 Jahre à Fr. 15 000.– (Jahresbedarf, s. oben): **Fr. 240 000.–** *Fr.*

4. Schritt: Berechnung Ihres Sparziels (Beispielzahlen fett):

Nehmen Sie die Differenz zwischen Ihrem heutigen Alter **(55)** und dem ordentlichen Pensionierungsalter **(65)**.

Alter 55 bis 65: Jahre **10 Jahre** *Jahre*

Entnehmen Sie nun der folgenden Tabelle den entsprechenden Faktor **(0.614)**. Es handelt sich um Erfahrungswerte bei einem durchschnittlichen Zins von 5 %. Runden Sie wenn nötig Ihre persönliche Jahresdifferenz auf die in der Tabelle genannten Jahre auf oder ab.

Jahre	Faktor
5	0.784
10	**0.614**
15	0.481
20	0.377

Multiplizieren Sie dann den entsprechenden Faktor **(0.614)**. mit Ihrer Kapitallücke **(Fr. 240 000.–)**:

Fr. 240 000.– x 0.614 = Fr. 147 360.–

Diesen Betrag müssen Sie heute anlegen, um bei einer durchschnittlichen Verzinsung mit 5 % bis zu Ihrem Pensionierungsalter Ihre Kapitallücke geschlossen zu haben **Fr. 147 360.–** *Fr.*

Bei einer Frühpensionierung berechnen Sie Ihren Zusatzbedarf so: Nehmen Sie die Differenz zwischen Frühpensionierungsalter und ordentlichem Pensionierungsalter und multiplizieren Sie diese Zahl mit dem mutmasslichen jährlichen Überbrückungsbedarf Fr. 50 000.–.

3 x Fr. 50 000.– = 150 000.–

Entnehmen Sie nun obiger Tabelle (s. Seite 25) wieder den entsprechenden Faktor. Gehen Sie dazu gleich vor wie unter Schritt 4. Multiplizieren Sie den Faktor mit dem Überbrückungsbetrag und tragen Sie den Zusatzbedarf infolge Frühpensionierung auf dieser Zeile ein. — *Fr.*

Auch diesen Betrag müssen Sie von heute bis zur Frühpensionierung noch ansparen!

Ziehen Sie von diesem Betrag (Fr. 147 360.–) Ihr heutiges Wertschriftenvermögen (Fr. 60 000.–, siehe oben) ab. - Fr. 60 000.– *Fr.*

Soviel müssen Sie noch sparen bis zu Ihrer Pensionierung. Ihr Sparziel: Fr. 87 360.– *Fr.*

[1] Wenn Sie das Pensionskassenguthaben anstelle der Rente beziehen, fragen Sie zunächst den Steuerbetrag beim Steueramt an und bringen Sie ihn vom Auszahlungsbetrag in Abzug. Setzen Sie dann statt des Rentenbetrags den Zinsertrag des Nettoguthabens (5 % als Erfahrungswert) ein.

Alter heute	Lebenserwartung Männer	Lebenserwartung Frauen
50	31	35
55	26	30
60	22	25
65	18	21
70	14	17
75	11	13
80	8	9

Bausteine der freien Vorsorge

Das bisher gewonnene Grundwissen ermöglicht es Ihnen, sich nun gezielt mit dem planmässigen Aufbau und der planmässigen Verwaltung Ihres Vermögens zu befassen.

Wie soll ich meine Vorsorgegelder anlegen?

Ein massgeschneiderter Vermögens- und Anlagemix ist das beste Rezept für ein finanziell sorgenfreies Alter. Wer mit kurzfristigen Aktien- und Optionsstrategien auf schnelle Gewinne aus ist, findet auf den nächsten Seiten keine Antwort auf seine Fragen. Wer jedoch langfristig höhere Renditen als mit einer Sparheft- oder Obligationenanlage erzielen möchte, wird sein persönliches Anlagekonzept mit Leichtigkeit festlegen können. Investieren Sie nach dem Lesen dieser Broschüre aber vor allem in eines – in genügend Zeit für das Treffen eines klugen Entscheids! Denn ohne Entscheid würde alles beim alten bleiben, und das wäre schade um Ihr Geld!

Vorsorgebaustein 3: Übersicht Vermögensanlagen

Rating

Mit zunehmendem Alter verstärkt sich bei der langfristigen Planung von Vermögensanlagen – insbesondere von Altersguthaben – die Betonung auf Sicherheit. Nur wer die Risiken kennt, kann damit richtig umgehen. Obwohl Sie mit dem Anlageziel-Test wichtige Hinweise auf Ihre Risikobereitschaft erhalten haben, ist das Beiziehen eines Anlageberaters, zu dem Sie Vertrauen haben, möglicherweise sinnvoll. Trotzdem sollten Sie in den wichtigsten Anlagearten ebenfalls über Grundkenntnisse verfügen. Vor allem aber sollten Sie wissen, wie sicher sie sind.

Das Rating misst die Kreditwürdigkeit (Bonität) sowie die Sicherheit der Zins- und Kapitalrückzahlungen von Obligationenschuldnern, die an den internationalen Geld- und Kapitalmärkten zur Finanzierung ihrer Tätigkeit Geld aufnehmen. Es gibt zwei weltweit tätige und anerkannte Rating-Gesellschaften – Standard & Poor's und Moody's –, die mit ähnlichen Bewertungsskalen benoten. Für Schuldner mit höchster Bonitätsstufe werden drei A

(AAA oder Aaa) vergeben. Schuldner mit geringfügig tieferer Qualität erhalten noch zwei AA/Aa, während solche, die zwar noch einen hohen Grad an Sicherheit aufweisen, jedoch etwas anfälliger auf Veränderungen des gesamtwirtschaftlichen Umfelds reagieren, mit einem A benotet werden. Von der Bewertung BBB oder Baa an steigt nicht nur die Rendite, sondern auch das Risiko. Solche Titel eignen sich deshalb nicht zum Zweck einer längerfristigen oder der Altersvorsorge dienenden Anlage.

Geldberater-Tip:
Lassen Sie die in Ihrem Depot liegenden Obligationen von Ihrer Bank mindestens einmal jährlich auf deren Schuldner-Rating überprüfen!

Säule 3a-Konto

Da die Vorsorgevereinbarung mit der rechtlich unabhängigen Vorsorgestiftung Säule 3a abgeschlossen wird, das Vorsorgekapital aber bei der Bank angelegt ist, besteht im heutigen Zeitpunkt mangels Präzedenzfall keine Klarheit darüber, inwieweit diese Guthaben bei einem Konkurs der Bank gefährdet wären. Der Säule 3a ist ein ausführliches Kapitel gewidmet (Seite 51).

Kassenobligationen

Kassenobligationen sind bis maximal Fr. 30 000.– pro Kunde (inkl. übrige Guthaben auf Spar-, Privat- und Salärkonti) geschützt und haben bis zum Endverfall kein Kursrisiko. Ihr Rückkauf vor Verfall erfolgt freiwillig zum Marktwert durch die Bank.

Anleihensobligationen

Bundes-, Kantons- und Gemeindeanleihen gelten als mündelsicher. Anleihen von in- und ausländischen Banken und Gesellschaften sind nur so sicher wie die ausgebende Bank oder Gesellschaft selbst. Anleihensobligationen in Fremdwährungen weisen zusätzlich ein Wechselkursrisiko auf. Der Verkauf von Anleihensobligationen ist jederzeit zum Tageskurs möglich.

Geldberater-Tip:
Sinkt der Börsenkurs einer Anleihensobligation plötzlich stark, obwohl das allgemeine Zinsniveau stabil bleibt, so ist das ein Alarmzeichen, welches auf eine Verschlechterung der Schuldnerqualität hinweist.

Notes

Notes sind mittel- und langfristige Schuldverschreibungen mit Wertpapiercharakter (ähnlich wie Obligationen), die in Tranchen ab Fr. 50 000.– emittiert werden. Da es sich bei diesen um eingetragene Zertifikate handelt, können die Titel nicht physisch am Schalter ausgeliefert werden. Notes sind immer nur so sicher, wie es die emittierende Gesellschaft selbst ist. Sofern es sich um Titel bekannter Gesellschaften handelt, kann das Risiko der ausserbörslich gehandelten Notes mit Obligationenanleihen verglichen werden. Notes werden zwischen Banken gehandelt und eignen sich für private Anleger, die eine grössere Summe mittel- bis langfristig anlegen möchten.

Optionsanleihen

Anleihensobligationen mit Optionsschein ermöglichen eine spätere Umwandlung in Aktien oder Partizipationsscheine, die während einer bestimmten Frist (Optionsfrist) zu einem fest vereinbarten Bezugspreis und gegen Auslieferung der Optionsscheine erfolgt. Optionsanleihen weisen grössere Kurschancen, aber auch höhere Kursschwankungen auf als Anleihensobligationen. Neben der Entwicklung des Aktienkurses des Schuldners hat auch die Kreditwürdigkeit (Bonität) des Schuldners Einfluss auf den Kursverlauf dieser Werte.

Wandelanleihen

Wandelobligationen sind nur so sicher, wie es der Schuldner selbst ist. Diese Obligationen können zu einem vorausbestimmten Preis innerhalb eines festgelegten Zeitraums in Aktien oder Partizipationsscheine umgewandelt werden. Behält der Anleger eine solche Obligation wegen schlechter Kursentwicklung der Basisaktie bis zu deren Verfall, dann beschränkt sich das Risiko auf den tieferen Zinssatz, zu dem solche Titel ausgegeben werden.

Auslandsobligationen in Franken oder Fremdwährung

Diese Anleihensobligationen sind nur so sicher, wie es der emittierende Staat respektive die emittierende Bank, Handels- oder Finanzgesellschaft selbst ist. Werden Obligationen in Fremdwährung gekauft, so kommt das Wechselkursrisiko hinzu. Fremdwährungsanlagen sollten deshalb immer in einem vertretbaren Verhältnis zum Gesamtvermögen und zur persönlichen Risikobereitschaft des Anlegers stehen.

In- und ausländische Aktien

Inhaberaktien sind nicht nur von der allgemeinen Konjunkturlage und Branchenentwicklung, sondern vor allem auch von der künftigen Gewinn- und Geschäftsentwicklung des jeweiligen Unternehmens abhängig. Ihre Kursrisiken sind vielfältig. Deshalb sollten Aktienanlagen trotz hoher Gewinnchancen immer in einem vertretbaren Verhältnis zum Gesamtvermögen stehen. Mögliche Verluste sollte der Anleger problemlos verkraften können. Je kurzfristiger eine Aktienanlage erfolgt, desto spekulativer ist sie und desto höher ist auch ihr Kursrisiko. Aktien eignen sich deshalb vor allem für längerfristig orientierte Anleger mit einem Anlageziel ab 5 Jahren.

Festgeldanlagen und Money Market Funds

Diese können bei allen Banken – in der Regel ab Fr. 100 000.– – getätigt werden. Festgelder sind Geldanlagen für eine bestimmte Dauer, meistens zwischen 3 und 12 Monaten, zu einem festen Zinssatz. Die Banken bieten auch sogenannte Money Market Funds (Geldmarktfonds) an. Dabei handelt es sich um Anlagefonds, die das Kundenvermögen in Anlageinstrumente mit kurzfristigen Laufzeiten am Geldmarkt anlegen. Anteile solcher Fonds sind bereits ab Fr. 1 000.– erhältlich und können bei Geldbedarf jederzeit wieder verkauft werden. Je nach Zinssituation kann sich hier allerdings die verrechnete einmalige Ausgabekommission ungünstig auf die Rendite auswirken. Diese Art von Geldanlagen eignet sich aber für das kurzfristige Parkieren von Geldern, über die zu einem bereits bekannten Zeitpunkt wieder verfügt werden soll. Weitere Informationen zu Money Market Funds finden Sie im Kapitel über Anlagefonds (Seite 35).

Geldberater-Tip:
Money Market Funds, die auf Fremdwährungen lauten, eignen sich nur bedingt für das kurzfristige Parkieren von Anlagegeldern. Denn erstens ist damit ein höheres Fremdwährungsrisiko verbunden, und zweitens entsteht durch die Unkosten beim kurzfristigen Kauf und Verkauf von Anteilen solcher Money Market Funds meistens ein Umwechslungsverlust.

Treuhandanlagen

Der Name sagt es bereits: Einer Bank, Finanzgesellschaft oder Person wird ein Geldbetrag zur verzinslichen Anlage «zu Treuen Handen» übergeben. Dafür verlangt der «Treuhänder» eine Kommission. Das Risiko in bezug auf Zinsen und Rückzahlung liegt jedoch voll auf seiten des Anlegers. Bei Treuhandanlagen handelt es sich in der Regel um Festgeldanlagen mit Laufzeiten von drei bis sechs Monaten. Was die Banken betrifft, so kann der Einleger davon ausgehen, dass sein Geld an eine erstklassige Adresse weitergeleitet wird. Wer sich dagegen auf Finanzinserate mit hohen Zins- und Gewinnversprechen meldet, muss damit rechnen, dass sein Guthaben mit grösster Wahrscheinlichkeit an eine unbekannte Adresse im In- oder Ausland vergütet wird. Damit ist meistens ein Totalverlust vorprogrammiert.

Geldberater-Tip:
Achtung, der Name «Treuhänder» ist nicht geschützt und deshalb auch keine Garantie für einen vertrauenswürdigen Partner und eine seriöse Abwicklung!

Optionen

Wer Optionen kaufen will, muss sich unbedingt eingehend mit den verschiedenen Mechanismen vertraut machen. Es gibt verschiedene Strategien und Möglichkeiten. Wer diese nicht genau kennt, riskiert, sein gesamtes Vermögen zu verlieren. Derivate ist der Sammelbegriff für Produkte wie Optionen und Futures.

Geldberater-Tip:
Futures und Optionen sind die spekulativste Form von Finanzprodukten. Sie dienen nicht der Altersvorsorge, sondern dem Erzielen eines potentiell hohen Kursgewinns (oder -verlusts) innert kurzer Zeit. Es gibt im In- und Ausland einige hundert Options-Gesellschaften, die – meistens telefonisch – mit allen möglichen Tricks, unhaltbaren Renditeversprechen oder kriminellen Machenschaften reihenweise gutgläubige, naive Sparer und Sparerinnen abzocken oder sogar in den Ruin treiben. Wenn Sie je einen dieser Optionshaie am Telefon haben sollten, gibt es nur eines: auflegen und Hände weg!

Dieser immer beliebter werdenden Anlagemöglichkeit haben wir nachfolgend ein ausführliches Kapitel gewidmet.

Anlagefonds

Vorsorgebaustein 4: Anlagefonds

Fragen an den Geldberater:

Kann ich mich auf die Aussage meines Anlagefonds-Vermittlers verlassen, der mir mindestens 16% Rendite verspricht? Heinrich K.

Welche Fondszusammenstellung würden Sie mir für das Alterskapital von Fr. 200 000.– empfehlen? Edi W.

Ich habe das Gefühl, dass ich jedes Jahr mehr Steuern zahle, seit ich pensioniert bin. Wenn das so weiter geht, muss ich mein Haus verkaufen. Wie kann ich ohne Risiko Steuern sparen? Alphons D.

Die Sparer und Sparerinnen werden mit neuen Anlagemöglichkeiten, Musterdepots und Geldtips förmlich überschüttet und verlieren oft den Überblick. Anleger, die den «sicheren Tip» und den raschen Reichtum suchen, kommen höchstens dann zum Erfolg, wenn sich der Gesamtmarkt im Aufwärtstrend befindet und sie mit viel Glück in die richtigen Aktienanlagen investieren. Doch für den Aufbau einer Existenz, den Kauf eines Eigenheims oder eine gesicherte Zukunft ist dies der falsche Weg. Diese Ziele können nur mit einer langfristigen, konsequenten Finanzplanung und einer angemessenen Risikoeinschätzung erreicht werden. Neben den bisher erwähnten Anlageformen gehören besonders Anlagefonds zu jenen Möglichkeiten, die im Rahmen einer gezielten Vorsorgeplanung Sinn machen.

Anlagefonds sind stark im Kommen und verdienen deshalb ein ausführliches Kapitel. Erst 11% der schweizerischen Bevölkerung haben einen Teil ihres Vermögens in Anlagefonds investiert. Drei Viertel der Bevölkerung wissen nicht, was ein Fonds ist und haben wenig Ahnung, wie vorteilhaft eine solche Anlage sein könnte. Denn Fonds bieten unbeschränkte Möglichkeiten für jedes Portemonnaie, jedes Alter, jede Risikostufe und jede beliebige Anlagedauer. Auch die Post verkauft in Zusammenarbeit mit dem Schweizerischen Bankverein an allen Schalterstellen Anlagefonds.

Hier ein Beispiel, das die Attraktivität dieses Anlageinstruments belegt: Würde der Staat jedem der 82 000 im Jahre 1995 Neugeborenen anstelle einer AHV- oder Pensionskassenrente Fr. 20 000.– in die Wiege legen, und würde dieser Betrag sogleich in Anlagefonds investiert, so ergäbe das im Alter von 65 Jahren – bei einer realistischen Durchschnittsrendite von 8%, einschliesslich der Kursgewinne – ein Altersguthaben von sage und schreibe

Fr. 2 975 596.80!

So funktionieren Anlagefonds

Für Vermögen bis Fr. 500 000.– (oder, je nach Anlagekategorie, auch für Vermögen bis Fr. 900 000.–) dürften Anlagefonds in Kombination mit steuerbegünstigten Versicherungslösungen auf lange Sicht eindeutig die beste Anlagemöglichkeit darstellen. Anlagefonds sind ein Sammeltopf aus vielen kleinen Anlagevermögen, die von den Fondsgesellschaften im Interesse der Anleger entsprechend dem Fondszweck anzulegen und zu verwalten sind. Im Grunde genommen treten Anlagefonds an die Stelle einer der Bank erteilten Verwaltungsvollmacht. Mit Fonds wird das Risiko viel breiter gestreut, als dies dem einzelnen Anleger mit Direktanlagen möglich wäre. Keine andere Anlage bietet die Chance, auch mit kleinen Beträgen systematisch und unter breiter Risikostreuung in alle Märkte zu investieren. Dabei sollten Aktienfonds in der Anlagestrategie einen gewichtigen Anteil ausmachen, liegt doch deren Leistungsausweis rückwirkend deutlich über den Vergleichswerten von Obligationen.

Anlagefonds haben gegenüber direkten Wertschriftenanlagen zudem den Vorteil, dass die Banken für Anlagen in Produkte aus ihrer eigenen Fondspalette reduzierte Bankspesen und Depotgebühren belasten.

Aber aufgepasst: Auch bei Anlagefonds gilt die Regel, dass Sparer und Sparerinnen erst ab einem mittel- bis langfristigen

Anlageziel – 5 oder noch besser ab 10 Jahre – auch hohe Ansprüche an eine gesicherte Altersvorsorge realisieren können. Kurzfristig orientierte Anleger müssen immer mit erhöhten Risiken rechnen. Es wird ihnen nie gelingen, stets die tiefsten Kurse, die höchsten Zinsen und die richtige Währung herauszupicken. Mit Ausnahme der Money Market Funds (Geldmarktfonds) sind Anlagefonds keinesfalls für kurzfristige Anlagen geeignet.

Vergleicht man die aufgelaufenen Erträge (Zinsen und Dividenden) eines Sparkontos, von Franken-Obligationen und Schweizeraktien miteinander, so ergibt sich bei einer Anlagesumme von Fr. 10 000.– und einer Anlagedauer vom 30. Juni 1987 bis 30. Juni 1997 folgendes Resultat:

Sparkonto	Fr. 14 427.–
Credit Suisse Bond Fund (Lux)	Fr. 27 120.–
Schweizeraktien/Schweizer Aktienfonds (ab 1.8.1997: Credit Suisse Equity Fund Swiss Blue Chips)	Fr. 49 676.–

Trotz der intensiven Werbung für Anlagefonds darf nicht vergessen gehen, dass sich auch viele Anlagefonds dem allgemeinen Abwärtstrend während der schlechten Börsenjahre 1993 und 1994 nicht entziehen konnten und zum Teil hohe Kursverluste hinnehmen mussten. Den Anlegern bleibt der Trost, dass diese Verluste inzwischen dank der boomenden Aktienmärkte wieder aufgeholt werden konnten. Anleger, die ihr Vermögen nicht in Eigenregie aufbauen, sondern den Aufbau lieber den Fondsprofis und Fondsmanagern überlassen wollen, können sich darauf verlassen, dass sich ein Team von Spezialisten, die mit den modernsten Anlage- und Absicherungsstrategien vertraut sind, um eine möglichst starke Vermehrung des Fondsvermögens kümmert. Aber nur in einem allgemeinen Abwärtstrend wird sich zeigen, welche Fondsmanager für die von ihnen verwalteten Fonds trotz des negativen Trends eine gute Wertentwicklung erzielen können und welche Manager aus früherem Fehlverhalten in den Jahren 93/94 etwas gelernt haben.

Unterschiedliche Kursentwicklung gibt es auch zwischen verschiedenen Branchen. So haben etwa Pharmafonds in den letzten 10 Jahren insgesamt 720% zugelegt, während die Kurse der Bankentitel «nur» 70% dazugewannen.

Anlagefondskosten

Die Ausgabe- und Rücknahmekommissionen unterscheiden sich von Fonds zu Fonds und je nach Bank. Sie bewegen sich in der Regel innerhalb der unten aufgeführten Bandbreiten. Zusätzlich werden dem Fondsvermögen direkt unterschiedlich hohe Verwaltungskosten in Höhe von bis zu 2% pro Jahr belastet. Dazu kommt eine dem Fonds direkt belastete jährliche Depotgebühr (zwischen 0,05% und 0,15% des Fondsvermögens), wobei einige Banken den eigenen Fonds einen reduzierten Gebührensatz verrechnen. Zusätzlich hat der Kunde für die Aufbewahrung seiner Fondsanteile eine jährliche Depotgebühr zu entrichten, die bei den meisten Banken ebenfalls zu einem reduzierten Satz abgerechnet wird, sofern es sich um Anteile eigener Fonds handelt.

	Geldmarktfonds*	Obligationenfonds	Aktienfonds	Portfoliofonds	Immobilienfonds
Ausgabe-Kommissionen/ Emissionskosten	0,5%	0,3 - 2%	1 - 2%	1 - 2%	1 - 5%

* Money Market Funds

Das neue Anlagefondsgesetz (AFG)

Anlagefonds unterstehen dem Bundesgesetz über die Anlagefonds (AFG). Als Aufsichtsbehörde amtiert die Eidgenössische Bankenkommission (EBK). Auch für Vertriebsträger wie etwa Allfinanzgesellschaften besteht eine Bewilligungspflicht; diese ist Voraussetzung für jeden seriösen Fondsvertrieb. Der Bewilligungspflicht zum Vertrieb ist jede natürliche oder juristische Person unterstellt, die gewerbsmässig Anteile von Anlagefonds verkauft, vermittelt oder vertreibt. Neben den Banken treten zunehmend auch andere Vertriebsträger auf dem Markt in Erscheinung. Diese konkurrenzieren die seriösen Anbieter – teils mit aggressiven Verkaufsmethoden und hohen Renditeversprechen. Die Gefahr einer unqualifizierten Vermarktung nimmt deshalb zu. Zu Beratungszwecken schreibt das AFG die Abgabe eines umfassenden Prospekts des Fondsprodukts durch den Vertriebsträger vor. In anderen Staaten wird der Verkauf und Vertrieb von Anlagefonds ebenfalls durch spezielle Anlagefonds-Gesetze geregelt.

Anbieter/ Fondsgesellschaft	**Fondsleitung**	**Depotbank**	**Unabhängige Revisionsstelle**
Credit Suisse Asset Management Fund Service	Credit Suisse Asset Management Funds	Credit Suisse	Diese muss von der EBK anerkannt sein

Oben finden Sie ein Beispiel für die Organisation des Anlagefondsbereichs einer Schweizer Bank. Aus Sicherheitsgründen müssen die Fondsleitung und die Depotbank voneinander getrennte juristische Einheiten sein, und die geschäftsführenden Personen der Fondsleitung und der Depotbank müssen laut AFG von der jeweils anderen Gesellschaft unabhängig sein.

Fondspalette

Den Anlegern stehen für jedes Anlageziel entsprechende Fondsanlagen zur Verfügung. Die sechs wichtigsten Kategorien sind:

1. Geldmarktfonds (Money Market Funds)

Die Anlagen dieser Fonds bestehen aus kurzfristigen Geldmarktpapieren (mit einer Laufzeit bis zu 12 Monaten). Die Geldmarktfonds von Schweizer Banken sind aus steuerlichen Gründen (keine Verrechnungssteuer) hauptsächlich in Luxemburg domiziliert.

2. Obligationenfonds

Diese investieren ihr Vermögen in festverzinslichen Papieren (Obligationen), wobei Kurs- und Währungsschwankungen möglich sind.

3. Aktienfonds

Das Fondsvermögen ist in Aktien von Unternehmen einzelner oder mehrerer Länder, Regionen oder bestimmter Branchen angelegt.

4. Anlagezielfonds (Anlagestrategie- oder Portfoliofonds)

Hierbei handelt es sich um sogenannte standardisierte Vermögensverwaltungs-Fonds. Der Anleger kann – je nach Anlageziel und Risikobereitschaft – zwischen verschiedenen Möglichkeiten wählen. Diese reichen von der einkommensorientierten Anlage mit Schwergewicht auf einem regelmässigen Kapitalertrag bis hin zur Investition, die auf Wachstum durch Kursgewinne ausgerichtet ist. Dem Anleger wird die Auswahl aus verschiedenen Fonds sowie die Prüfung auf deren Eignung und Entwicklung abgenommen. Für den geplanten Vermögensaufbau oder für ein künftiges Altersvermögen sind Portfoliofonds (häufigste Bezeichnung) eine gute und massgeschneiderte Lösung – und stellen eine gute Alternative zur individuellen Zusammenstellung aus einem unüberschaubaren Fondsangebot dar. Anlagestrategiefonds eignen sich zudem auch für Anleger mit geringeren Mitteln, die wenig Ahnung von Geldanlagen haben. Strategiefonds sind zum Beispiel die an den Postschaltern erhältlichen Fonds.

Geldberater-Tip:
Portfoliofonds eignen sich auch für konservative Sparer und Vermögen ab Fr. 1000.–!

5. Immobilienfonds

Das Vermögen solcher Fonds ist in Grundstücken, Liegenschaften und Beteiligungen an Immobiliengesellschaften angelegt. Für Immobilienfonds gelten wegen ihrer speziellen Eigenschaften betreffend Kündigung und Verkauf Sonderbestimmungen.

6. Spezialfonds

Diese Fonds handeln mit Optionen, berücksichtigen spezielle Branchen und Märkte in aufstrebenden Ländern oder tätigen zum Beispiel ausschliesslich Gold-, Rohstoff- oder auch ökologische Anlagen.

Unentbehrliche Fonds-Informationen

Wenn Sie Anlagefonds kaufen, sollten Sie zumindest über die wichtigen Daten Bescheid wissen, welche unten als Beispiel für den Credit Suisse Porfolio Fund (Lux) Income (SFr) aufgelistet sind.

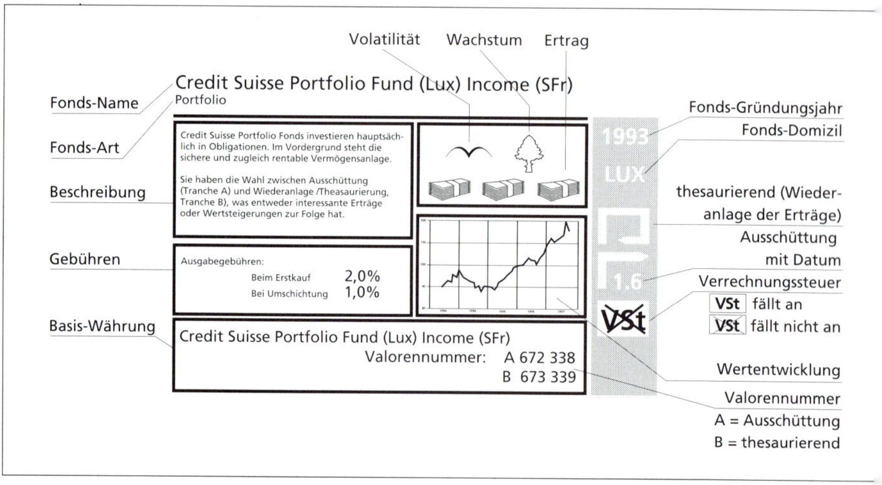

Credit Suisse Portfolio Fund (Lux) Income:

- Einkommensorientiertes Fondsvermögen (Portefeuille) mit Schwergewicht SFr.
- Wertentwicklung in SFr. (indexiert)
  (seit Bestehen oder während der letzten 10 Jahre):

1993	+ 6,1%
1994	– 5,6%
1995	+ 8,7%
1996	+ 7,4%

Die Volatilität beschreibt die Schwankungsbreite des Werts bzw. der Renditen einzelner Anlagen und gibt somit das Risiko eines Fonds an. Vergleicht man die Risiken gleichartiger Fonds miteinander, so erhält man einen Anhaltspunkt dafür, ob ein Fondsmanager die Wertentwicklung seines Fonds mit einem hohen Risiko «erkauft» oder seinen Anlageerfolg mit einer eher vorsichtigen Strategie erzielt hat. Im Bopp-Fondsführer (Fondsführer Schweiz, 1997, Bopp ISB AG, Zug) wird das Risiko eines Fonds mit der Vergabe von Sternen benotet. In den Fondsinformationen der Credit Suisse wird die Volatilität wie folgt dargestellt:

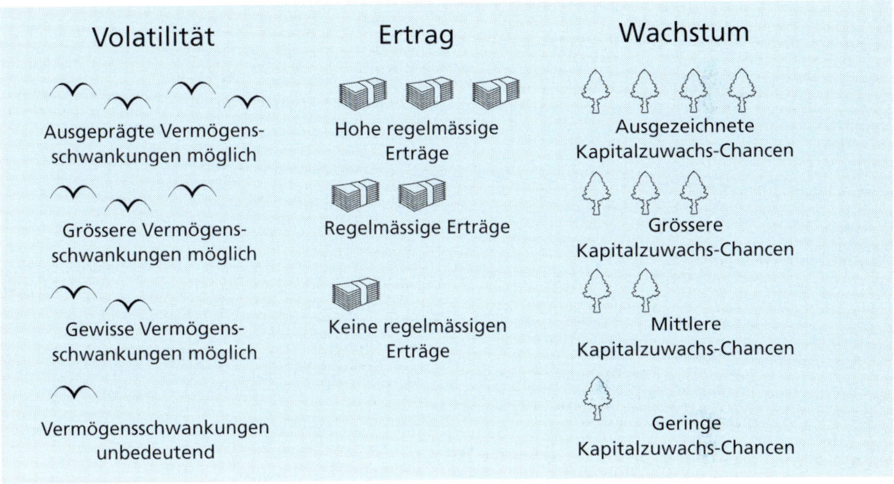

Kurzporträt

Die Vielfalt der Anlagefondsarten sei im folgenden am Beispiel einer kleinen Auswahl aus den Aktien- und Portfoliofonds (Anlagestrategiefonds) der CS-Gruppe aufgezeigt. Die sogenannten Asset Allocation Funds (Portfolio-Fonds) erlauben es auch Anlegern und Anlegerinnen mit mittleren Depots und kleineren Vermögen, die Vorteile einer aktiven und individuellen Vermögensverwaltung zu nutzen. Besonders interessant ist zudem die Möglichkeit der Auswahl aus sechs Strategien. Angeboten werden eine nationale Diversifikation ausschliesslich in Schweizer Franken, eine sehr konservative, konservative, ausgewogene oder dynamische Strukturierung sowie Anlagen in verschiedenen Währungen. Zweifellos werden Sie hier oder bei Ihrer Bank das für Sie massgeschneiderte Fondsprodukt finden und Ihr persönliches Fondsportefeuille je nach Wissensstand allein oder mit unterstützender Beratung zusammenstellen können.

Aktienfonds

Fondsname	Domizil	Fondsbeschreibung
Credit Suisse Equity Fund (Lux) USA	Luxemburg	Regionenfonds, investiert in nordamerikanischen Unternehmen
Credit Suisse Equity Fund Asia	CH	Regionenfonds, investiert in Unternehmen des ostasiatischen und des australischen Raums
Credit Suisse Equity Fund (Lux) Emerging Markets	Luxemburg	Investiert weltweit in aufstrebenden Ländern, vor allem in solchen des asiatischen und des südamerikanischen Raums
Credit Suisse Equity Fund (Lux) Euro Blue Chips	Luxemburg	Investiert in Titel führender europäischer Unternehmen
Credit Suisse Equity Fund (Lux) France	Luxemburg	Länderfonds, investiert in Unternehmen mit Sitz in Frankreich
Credit Suisse Equity Fund (Lux) Germany	Luxemburg	Länderfonds, investiert in Unternehmen mit Sitz in Deutschland
Credit Suisse Equity Fund (Lux) Gold Mines	Luxemburg	Branchenfonds, investiert weltweit in Unternehmen, die sich mit der Förderung und / oder Verarbeitung oder dem Handel von Gold befassen
Credit Suisse Equity Fund (Lux) Eco Efficiency	Luxemburg	Branchenfonds, investiert weltweit in Unternehmen, die nachweislich dem Prinzip der Ökoeffizienz Rechnung tragen
Credit Suisse Equity Fund (Lux) Small Cap Europe	Luxemburg	Regionenfonds, investiert in kleinen und mittleren europäischen Unternehmen
Credit Suisse Equity Fund Global	CH	investiert in Unternehmen weltweit
Credit Suisse Equity Fund Energy	CH	Branchenfonds, investiert weltweit in Unternehmen, die sich mit Energie befassen (Erdöl, Gas, Kohle, Elektrizität, Energietechnologien)
SVB High Tech Fund	CH	Branchenfonds, investiert weltweit überwiegend in Gesellschaften, die sich mit Telekommunikation und neuen Informationstechnologien befassen

Credit Suisse Equity Fund Pharma	CH	Branchenfonds, investiert weltweit in Unternehmen, die im Bereich der Pharmazeutik und Biotechnologie tätig sind
Portfoliofonds		
Credit Suisse Portfolio Fund (Lux) Fixed Income (sFr.)	○○○○	investiert ausschliesslich in variabel und fest verzinslichen Obligationen und Geldmarktanlagen. Schwerpunkt in der jeweiligen Landeswährung, maximal 20% in Fremdwährungen.
Credit Suisse Portfolio Fund (Lux) Income (sFr.)	●○○○	investiert weltweit in Obligationen, Aktien und Geldmarktanlagen. Schwerpunkt einerseits in Obligationen, andererseits in der jeweiligen Landeswährung.
Credit Suisse Portfolio Fund (Lux) Balanced (sFr.)	●○○○ – ●●○○	investiert weltweit in Obligationen, Aktien und Geldmarktanlagen. Aktien- und Obligationenanteil sind ausgeglichen. Anlageschwerpunkt in jeweiliger Landeswährung.
Credit Suisse Portfolio Fund (Lux) Growth (sFr.)	●●○○ – ●●●○	investiert weltweit in Aktien, Obligationen und Geldmarktanlagen. Aktienanteil überwiegt klar. Anlageschwerpunkt in jeweiliger Landeswährung.

Legende	**Risikokategorien**	
	sehr konservativ ○○○○	Geringes, aber kontinuierliches Wachstum, Kursrückgänge auf Sicht eines Jahres unwahrscheinlich
	konservativ ●○○○	Mässiges, aber überwiegend kontinuierliches Wachstum, geringer Kursrückgang auf Sicht eines Jahres möglich
	ausgewogen ●●○○	Gute Wachstumschancen, Kursrückgänge können im Einjahreshorizont auftreten
	dynamisch ●●●○	Überdurchschnittliche Wachstumschancen, Kursrückgänge sind jederzeit möglich
	wachstumsorientiert ●●●●	Aussergewöhnlich hohe Wachstumschancen, starke Kursrückgänge jederzeit möglich

Die Auswahl an Fonds ist riesig, gibt es doch allein schon mehr als 800 schweizerische Anlagefonds! Die Palette reicht von reinen Schweizerfranken-Fonds über international gemischte Fremdwährungsfonds bis hin zu verschiedenen Aufteilungen der Portefeuillestruktur nach Ländern, Branchen und Anlageinstrumenten (z. B. Obligationen, Aktien).

In der Schweiz sind nur «offene Fonds» zum Vertrieb zugelassen, welche laufend neue Anteile an die Anleger herausgeben bzw. jederzeit Anteile von diesen zurücknehmen. Somit verändert sich die Anzahl der im Umlauf befindlichen Anteile der offenen Fonds ständig. Die Fondsgesellschaft ist verpflichtet, die Anteile zum berechneten inneren Wert zurückzunehmen. Die Banken stellen den Handel an den Börsen sicher.

Thesaurierungsfonds

Eine Besonderheit sind Thesaurierungsfonds, die sämtliche Erträge laufend reinvestieren. Auf diese Weise werden bei der Ausschüttung entstehende Spesen und Wiederanlageprobleme von kleinen Beträgen vermieden. Viele Fonds bieten zwei Tranchen an. Die Tranche A schüttet Erträge aus, während diejenigen der Tranche B wieder voll investiert werden.

Und so sollten Sie bei Fondsanlagen zum Zweck der Vorsorge vorgehen: Definieren Sie zunächst in drei Schritten Ihr Anlageziel und Ihre Risikobereitschaft.

1. Schritt: Bestimmen Sie Ihre Referenzwährung. Wenn Sie den Franken wählen, so gehen Sie zwar keine Währungsrisiken ein, Sie geben sich aber auch mit einem tieferen Zins zufrieden. Entscheiden Sie sich dagegen für eine Fremdwährung, so erhöhen Sie damit Ihr Risiko, gleichzeitig verbessern sich aber auch Ihre Chancen auf höhere Renditen und Kursgewinne – für Risikobewusste somit eine sinnvolle Abrundung ihrer gesamten Vermögensanlage!

2. Schritt: Legen Sie Ihren Anlagehorizont fest. Mit einem mittel- (5 Jahre) bis langfristigen Anlagehorizont (ab 10 Jahren) steigen Ihre Chancen auf höhere Erträge. Anlagefonds-Investitionen werden zwar höhere Kursschwankungen aufweisen, über einen längeren Zeithorizont jedoch auch höhere Renditen erzielen.

3. Schritt: Bestimmen Sie Ihre Risikobereitschaft. Ansprüche wie «hohe Rendite, geringes Risiko» können nicht unter einen Hut gebracht werden. Arbeiten Sie deshalb mit dem Ergebnis des Anlageziel-Tests (Seite 42 ff.). Möchten Sie konservativ, ausgewogen oder dynamisch investieren? Bedenken Sie, dass Sie ohne einen angemessenen Aktienanteil und eine entsprechende Risikobereitschaft längerfristig einen tieferen Ertrag – vergleichbar etwa mit demjenigen von reinen Obligationenanlagen – erzielen.

Als Orientierungshilfe finden Sie nachfolgend die Vorsorgeregel für die Aufteilung Ihres Anlagevermögens und eine Tabelle, die über das Risiko, den Ertrag und den Anlagehorizont der verschiedenen Fondsarten Auskunft gibt.

Vorsorgeregel für die Aufteilung des Anlagevermögens (Empfehlung des Geldberaters):

Alter	40	50	60	ab 65
Aktienfonds in %	70	60	50	40
Obligationenfonds in %	30	40	50	60

Die Risikogruppen

Fondsart	Geldmarkt	Obligationen	Immobilien	Aktien	Anlagestrategie/ Portfolio
Risiko	sehr tief	tief bis mittel	mittel	mittel bis hoch	tief bis hoch
Ertrag	tief bis mittel	mittel	mittel	mittel bis hoch	mittel bis hoch
Anlagehorizont	kurz; ab wenigen Monaten	mittel bis lang; ab 3 – 5 Jahren.	lang; ab 5 Jahren.	lang; ab 5 Jahren, besser ab 10 Jahren.	mittel bis lang; ab 5 Jahren, besser ab 10 Jahren.

Test Nr. 2: Persönlicher Anlageziel-Test

Der folgende Test ist für Ihre künftigen Vermögensanlagen richtungsweisend, denn das Resultat der Auswertungen zeigt, welcher Anlegertyp-Kategorie Sie zuzuordnen sind. Damit wird es Ihrem Bankberater sofort möglich sein, Sie gezielt zu beraten. Ist Ihr Anlageverhalten konservativ oder dynamisch? Der Zeithorizont einer Anlage ist für die Bestimmung des Anlegerprofils und der passenden Anlagestrategie entscheidend. Zu berücksichtigen sind alle Faktoren: die Frühpensionierung, die ordentliche Pensionierung, die Auswanderung, der Hauskauf und grössere Anschaffungen. Planen Sie zum Beispiel einen Hauskauf in 6 Jahren und sparen Sie dafür separat, so können Sie den Test auch zweimal machen.

Anlagedauer

1. Wie lange möchten Sie Ihr Geld anlegen? — Punkte/ankreuzen X

Kürzer als 2 Jahre	0	
2 – 5 Jahre	70	
5 – 10 Jahre	100	
über 10 Jahre	130	

Risikobereitschaft

2. Wie handeln Sie bei Kursschwankungen?

Wenn mittel- bis langfristig überdurchschnittliche Gewinne möglich sind, nehme ich gern höhere Kursschwankungen in Kauf	25	
Ich nehme bei höheren Gewinnchancen gewisse Kursschwankungen in Kauf	20	
Ich toleriere nur geringe Kursschwankungen	15	

3. Kurz nachdem Sie eine Anlage getätigt haben, steigt deren Wert um 20%. Die Prognosen sind weiterhin positiv. Wie verhalten Sie sich?

Ich erwarte weitere Kursgewinne und investiere deshalb noch mehr	20	
Ich warte ab und rechne mit weiteren Kurssteigerungen	15	
Ich verkaufe sofort und freue mich über den steuerfreien Gewinn	5	

4. Kurz nach Ihrer Anlage sinkt der Kurs um 20%. Die Zukunftsprognosen sind allerdings positiv. Wie verhalten Sie sich?

Ich investiere noch mehr, denn die guten Prognosen überzeugen mich und die Anlage ist erst noch günstiger geworden	20	
Ich warte, bis es wieder bergauf geht	10	
Ich verkaufe sofort, um weitere Verluste zu vermeiden	5	

5. Welche Aussage beschreibt Ihr Verhalten am besten ?

Ich würde zu einem grossen Teil Anlagen mit höheren Gewinnchancen und höherem Risiko wählen, den Rest mit tieferem Risiko investieren	25	

Ich möchte ausgewogen investieren, etwa zu gleichen Teilen in Anlagen mit höherem und tieferem Risiko 20

Ich würde zu einem grösseren Teil Anlagen mit niedrigem Risiko wählen, den Rest mit höherem Risiko investieren 15

Ich würde nur Anlagen mit möglichst tiefem Risiko wählen 10

6. Welche Geldanlagen haben Sie bisher bevorzugt getätigt?

Bisher nur Sparkonto oder Einmaleinlage-Säule 3b 5

Kassenobligationen oder Festgelder/Money Market Funds 10

Obligationen oder Obligationenfonds 15

Fonds-Sparpläne
- mit Obligationen 5
- gemischt Obligationen/Aktien 10
- mit Aktien 15

Aktienfonds 25

Aktien 30

7. Wie hoch ist Ihr jährlich für Anlagezwecke verfügbares Einkommen? (siehe Berechnung Seite 44)

Unter Fr. 10 000.– 5
Fr. 10 000.– bis Fr. 50 000.– 10
Fr. 50 000.– bis Fr. 100 000.– 15
über Fr. 100 000.– 20

8. Finanzlage
Haben Sie sofort verfügbare Ersparnisse?

Ja, ich verfüge sofort über 3 bis 5 Monatsgehälter 10
Ja, ich verfüge sofort bis über ca. 2 Monatsgehälter 7
Ja, ca. 1 Monatsgehalt 4
Nein 1

TIP: Für unerwartete Auslagen ist eine kurzfristige Liquiditätsreserve von drei bis fünf Monatslöhnen empfehlenswert.

9. Wie hoch ist Ihr gesamtes Anlagevermögen (ohne Liegenschaften und schwer veräusserbare Werte wie Sammlerautos, Münzensammlungen, Briefmarken etc.)?

Über Fr. 500 000.– 30
Fr. 250 000.– bis Fr. 500 000.– 25

Fr. 100 000.– bis Fr. 250 000.– 20
Weniger als Fr. 100 000.– 10

Auswertung Punkte Total

Berechnung Anlagevermögen:

Guthaben auf allen Konti

Wertschriften:

Obligationen

Aktien

Fondsanteile

sonstige Anlagen

Edelmetalle

Total Anlagevermögen

So berechnen Sie Ihr frei verfügbares Einkommen zu Spar- und Anlagezwecken jährlich/Fr.

Steuerbares Nettoeinkommen lt. Steuererklärung

abzüglich:

- Steuern
- Leasing-Raten
- Amortisationen (Hypotheken, Darlehen, Kredite)
- Miete
- Versicherungsprämien inkl. Krankenkassen und Sparversicherungen (reale Beträge einsetzen)
- Rückstellungen für kurz- bis mittelfristig geplante Ausgaben
- persönliche Lebenshaltungskosten
- Auto
- sonstige Ausgaben/Aufwendungen/Ferien etc.

= frei verfügbares Einkommen

Das ist Ihre persönliche Anlagestrategie auf Grund Ihrer finanziellen Verhältnisse, Ihrer Anlagedauer und Risikobereitschaft (Richtwerte)

bis 126 Punkte Anleger-Typ A kurzfristig - sehr konservativ	**127 bis 174 Punkte** Anleger-Typ B einkommensorientiert/ konservativ (income)	**175 bis 236 Punkte** Anleger-Typ C ausgewogen (balanced)	**237 bis 310 Punkte** Anleger-Typ D dynamisch/Wachstum (growth)
Geldmarktfonds 30% Obligationenfonds 70%	Geldmarktfonds 20% Aktienfonds 25% Obligationenfonds 55%	Geldmarktfonds 15% Aktienfonds 50% Obligationenfonds 35%	Geldmarktfonds 10% Aktienfonds 75% Obligationenfonds 15%
Vorteile: Praktisch keine Vermögens-Schwankungen, Erhaltung des Vermögens	**Vorteile:** Ertragssicherung, Erhaltung des Vermögens, gewisse Wachstumschancen	**Vorteile:** längerfristige Vermögens-Wachstumschancen	**Vorteile:** langfristig überdurchschnittliche Vermögens-Wachstumschancen
Nachteile: geringe Wachstumschancen	**Nachteile:** kleinere Vermögensschwankungen möglich	**Nachteile:** Vermögensschwankungen möglich	**Nachteile:** höhere Vermögensschwankungen möglich
kurzfristiges Anlageziel hohe Liquidität minimales Risiko	mittelfristiges Anlageziel regelmässige Erträge tragbares Risiko	mittel- bis langfristiges Anlageziel ausgewogenes Risiko	langfristiges Anlageziel höhere Rendite höheres Risiko

Das sind Ihre massgeschneiderten Portfolio-/Anlagezielfonds (Referenzwährung SFR)

Anleger-Typ	A	B	C	D
CREDIT SUISSE Portfolio (Lux) SFR	**Fixed Income**	**Income**	**Balanced**	**Growth**
Liquidität	**30%**	**20%**	**15%**	**10%**
CREDIT SUISSE Money Market Fund (Lux) Sfr	30%	20%	15%	10%
Obligationen	**70%**	**55%**	**35%**	**15%**
CREDIT SUISSE Bond Fund (Lux) Sfr	50%	40%	25%	10%
CREDIT SUISSE Bond Fund (Lux) Europe	9%	7%	4%	2%
CREDITSUISSE Bond Fund (Lux) US$	7%	8%	6%	3%
CREDIT SUISSE Bond Fund (Lux) Yen	4%			
Aktien		**25%**	**50%**	**75%**
CREDIT SUISSE Equity Fund Swiss Blue Chips		10%	20%	30%
CREDIT SUISSE Equity Fund (Lux) Euro Blue Chips		8%	13%	19%
CREDIT SUISSE Equity Fund (Lux) USA		4%	2%	20%
CREDIT SUISSE Equity Fund (Lux) Japan Megatrend		3%	5%	6%

Sofern Sie sich Ihr Fondsdepot mit Abweichungen gegenüber dem Portfoliodepot zusammenstellen lassen wollen, steht Ihnen der/die Bankberaterin gerne direkt zur Verfügung. Eine Abweichung ergibt sich beispielsweise, wenn Sie aus persönlichen Gründen den Anteil einer Vermögensanlage bei einem Anlagetyp erhöhen oder verringern wollen.
Sie haben Frankenanlagen, aber in den Fonds Europe, US$ und Yen liegen Fremdwährungsanlagen.
Anmerkung: Es handelt sich bei diesen Angaben um Richtwerte.

Einmaleinlagen: die attraktive Ergänzung für steuerbewusste Anleger

Sie haben bis jetzt wertvolle Vorarbeit geleistet, Ihren persönlichen Anlegertyp bestimmt und die Fondskategorien kennenlernt. Bestimmen Sie nun, ob Sie Ihre Fondsanlagen mit einer steuerlich vorteilhaften Einmaleinlage (ausführliche Informationen zu Einmaleinlagen siehe Seite 56ff.) kombinieren wollen. Wenn Sie eine oder mehrere der folgenden Fragen mit JA beantworten können, dann lohnt es sich für Sie, auch eine konventionelle oder eine fondsgebundene Einmaleinlage abzuschliessen:

- Wollen Sie Ihr Anlagefonds-Vermögen steuerlich optimieren?
- Wollen Sie Ihre Familie, Ihren Partner oder Ihre Partnerin im Falle Ihres Todes vor Ablauf der Versicherung finanziell begünstigen?

- Möchten Sie Ihnen nahestehenden Personen nach Ihrem Tod steuerfrei Geld zukommen lassen?

Je nach Anlegertyp-Kategorie des Anlageziel-Tests können Sie den zu investierenden Betrag, ganz nach Ihren persönlichen Vorstellungen, individuell erhöhen oder senken.

Geldberater-Tip:
Auch für Anlagevermögen unter Fr. 100 000.– ist ein massgeschneiderter Anlageziel-Fonds mittel- bi. längerfristig die beste Lösung, und eine Kombination mit einer Einmaleinlage ist immer möglich!

Im Aufwind: Fonds-Sparpläne

Das populärste Sparinstrument war früher das Sparheft. Obligationen wurden lange als Anlage für forsche Sparer betrachtet, während Aktienbesitz gar als Privileg der oberen Zehntausend galt. Heute hat sich das Sparangebot grundlegend geändert. Mit der Fülle von Anlagefonds in allen möglichen Varianten und jeglicher Risikostufe wird es immer leichter, Geld gezielt anzulegen. Der richtige Termin für den Einstieg – z.B. mit Alterskapital – kann für die Rendite entscheidend sein. Steigt man zum Beispiel bei hohen Aktienkursen ein und geht die Börse danach während längerer Zeit auf Tauchstation, dann bleibt man eventuell mehrere Jahre lang auf den Titeln sitzen, bis diese nur schon den Kursrückgang wieder aufgeholt haben. Im Bereich der Obligationenanlagen kann genau das gleiche passieren. Steigt ein Anleger hier auf einem tiefen Zinsniveau ein und ziehen die Zinsen wieder an, so sinken die Kurse seiner Obligationen, und die höheren Renditen laufen ihm davon. Einen Ausweg aus diesem Dilemma bieten Fonds-Sparpläne an. Diese neue und ausschliesslich auf ein längerfristiges Anlageziel ausgerichtete Sparform findet immer grösseren Anklang. Denken Sie stets daran: Wer den Aufbau seiner Altersvorsorge rechtzeitig plant – und dazu ist es nie zu früh und selten zu spät – wird zu den Gewinnern gehören!

So funktionieren Anlagesparpläne

Bei Anlagesparplänen legen Sie in regelmässigen Zeitabständen – zum Beispiel monatlich – einen stets gleich hohen Betrag in einen oder mehrere Anlagefonds an. Grundsätzlich kann ein Käufer von Fondsanteilen nur ganze Titel kaufen. Entscheidet er sich jedoch für einen Fonds-Sparplan bei einer Bank, so gibt ihm dies die Möglichkeit, auch in Teilbeträgen – sogenannten Fraktionen – zu investieren. Ein Anleger mit verschieden hohen und zeitlich unregelmässigen Zahlungen von Sparbeträgen kann oft nicht einfach eine einzige Obligation oder immer die gleiche Anzahl Aktien kaufen. Denn erstens wäre dies aus Sicht der anfallenden Kommissionen viel zu teuer, und zweitens müsste ihm dafür ein Mindestbetrag von Fr. 10 000.– zur Verfügung stehen. Deshalb ist die Möglichkeit, immer einen fixen Betrag pro festgelegte Periode zu investieren, interessanter: Das Sparvolumen nimmt bei regelmässiger Anlage der gleichen Summe nämlich schneller zu als mit der anderen Variante. Bei der Vorsorgeplanung dürfen Sie allerdings eines nicht übersehen: Eine Garantie dafür, dass mit Anlage-Sparplänen nach all den Jahren des Sparens schliesslich ein höherer Betrag als auf dem Sparkonto herausschauen wird, gibt es – trotz aller positiven Statistiken – nicht!

Die Durchschnittskosten-Methode

Im folgenden Beispiel werden die beiden oben erwähnten Anlagestrategien miteinander verglichen. Bei der Durchschnittskosten-Methode (Cost Averaging) kauft ein Kunde Y jeweils einmal pro Monat einen Titel zum jeweiligen Tageskurs. Dagegen nützt ein Kunde Z die Kursschwankungen aus, indem er immer dann mehr Titel kaufen kann, wenn der Kurs tief ist und umgekehrt bei hohen Kursen weniger Titel erhält. Je stärker die Kursschwankungen sind, desto grösser ist der Vorteil der Durchschnittskosten-Methode.

Beispiel: Kunde Y kauft pro Monat immer einen Titel, während Kunde Z jeweils Fr. 1100.– anlegt. Obwohl beide Anleger total Fr. 13 240.– investieren, verfügt Kunde Z am Ende des 12. Monats über eine grössere Anzahl Titel und somit auch über ein höheres Anlagevermögen.

Kurs Durchschnitt Fr. 1100.–	**Kunde Y immer 1 Aktie**	**Kunde Z immer Fr. 1100.–**
800.–	1	1.38
950.–	1	1.16
1050.–	1	1.05
1250.–	1	0.88
1350.–	1	0.81
1180.–	1	0.93
1000.–	1	1.1
900.–	1	1.22
1100.–	1	1.0
1250.–	1	0.88
1290.–	1	0.83
1100.–	1	1.00
Anzahl Titel	12	12.24

Hätte Kunde Y vom 1. Mai 1987 bis 30. April 1997 zum Beispiel monatlich einen Anteilschein des Anlagefonds «Schweizeraktien» gekauft (Investition von Fr. 75 863.–), so würde er über ein Vermögen von Fr. 163458.– (inkl. Kursgewinne und Erträge) verfügen. Dagegen käme Kunde Z mit monatlichen Einzahlungen von Fr. 632.– (Investition von Fr. 75863.–) auf ein Endvermögen von Fr. 185 117.–.

Je grösser die Kursschwankungen, desto besser ist das Endergebnis für Anleger Z. Dieses hängt von den ausgewählten Anlagefonds oder der Risikostufe des Portfolio-Fonds ab. Mit dieser Durchschnittsmethode bestehen gute Chancen dafür, langfristig bei geringerem Kursrisiko eine höhere Rendite zu erzielen als mit vergleichbaren direkten Obligationen- oder Aktienanlagen. Die meisten Fonds-Sparpläne peilen eine jährliche Rendite von 7 bis 10% an. Einige darunter werden dieses ambitiöse Ziel sicher erreichen, andere dagegen wohl nicht.

Was Sie als Anleger unbedingt wissen müssen

Für Fonds-Sparpläne fallen Depot- und Börsengebühren sowie Kommissionen an. Für den Entscheid darüber, welches Produkt das richtige ist, kann das Resultat eines Kostenvergleichs zwischen verschiedenen Angeboten eine Rolle spielen – es muss aber nicht. Denn auch Kriterien wie Mindestsparbetrag, Mindestlaufzeit, Ersteinzahlung, Ausgabeaufschlag, Fondsauswahl, Zusatzkosten und Fondswechsel (Fonds-Switching) sind zu berücksichtigen.

Beispiel: Credit Suisse/Direct Invest

Mindest-sparbetrag (Monat)	Mindest-laufzeit	Erstein-zahlung	Ausgabe-aufschlag	Anzahl Fonds	Kosten	Fonds-Switching
Fr. 200.–	keine	keine	Money Market Fund 0,5% Portfolio 2%	5 ab 1997 zusätzliche	Fr. 36.– im Jahr inkl. Depotgebühr ab 1997 Personen in höherer Ausbildung gratis	innerhalb 5 Fonds 1/2 des Ausgabe-aufschlages

Der Investor sollte sich weder an Mindestlaufzeiten noch an feste Zahlungsverpflichtungen oder Plansummen binden lassen. Auch sollte der Wechsel von einem Fonds in einen anderen während der Anlagedauer kostenlos oder wenigstens zu reduzierten Kosten möglich sein.

Achtung: Bei einigen Produkten auf dem Markt werden bei einem vorzeitigen Ausstieg die vorausbezahlten Spesen nur teilweise zurückerstattet. Achten Sie also darauf, ob die gesamte Kommission für das geplante Endsparziel bereits bei Beginn der Einzahlung abgezogen wird. Einzelne Anbieter offerieren dem Anleger die Möglichkeit, seine Fonds individuell zusammenzustellen. Andere dagegen beschränken die Auswahl auf eine bestimmte Anzahl Fonds oder bieten Pakete an. Insbesondere die Anlagezielfonds sind eine ideale Anlagevariante. So kann etwa ein junger Anleger zu Beginn eine aggressivere Aktienstrategie wählen und in der zweiten Lebenshälfte eine konservativere.

Vermittler

Auch Allfinanzgesellschaften und Strukturvertriebe vermitteln Anlagefonds und Fonds-Sparpläne. Solche Unternehmen haben oft mit mehreren Fondsgesellschaften Vertriebsverträge abgeschlossen. Seriöse Vermittler bieten Anlagefonds und Fonds-Sparpläne zu den gleichen Konditionen an wie die jeweilige Bank, von der das Produkt stammt oder vertrieben wird.

Geldberater-Tip:
Aus Sicherheitsgründen sollten Sie nie Gelder direkt auf das Konto eines Vermittlers einzahlen. Schliessen Sie auch keine Verwaltungsaufträge für Fondsprodukte bei Vermittlern ab, die angeblich mit Fonds-Picking (Einzelanlage in verschiedenen Fonds) überdurchschnittliche Renditen erzielen. Ein Portfolio Fund (Anlagestrategie-Fonds), direkt gekauft bei Ihrer Bank, erfüllt den gleichen Zweck. Nicht selten werben Strukturvertriebe oder andere Anbieter mit dem Hinweis auf eigene, hochqualifizierte Analyse-Spezialisten. Oft handelt es sich dabei um Vermittler, die im Schnellbleiche-Seminar zu «Finanzexperten» ausgebildet wurden.

Vorsorgebaustein 5: Steuern sparen

Leider schielen Anlegerinnen und Anleger oft nur nach einer möglichst hohen Rendite. Nach Abzug der zu entrichtenden Einkommenssteuer schmelzen die erhofften Wertschriftenerträge dann dahin wie die Butter an der Sonne. Mit einer sorgfältigen Anlagepolitik können Sie massiv Steuern sparen, frei nach dem Motto: «Gebt dem Steuervogt, was ihm gehört, aber keinen Rappen mehr!»

Im folgenden beschreiben wir die Steuervorteile einiger Wertschriftenanlagen. Die besonderen Vorteile von Säule-3a- und Säule-3b-Anlagen finden Sie im Kapitel Vorsorgebaustein 6: Säule 3 (Seite 51ff.) beschrieben.

Kursgewinne

Kursgewinne auf Aktien sind steuerfrei. Das gilt auch für Währungsgewinne bei Fremdwährungsanlagen. Werden Obligationen zu einem höheren Börsenkurs verkauft als gekauft, dann wird ebenfalls ein steuerfreier Kursgewinn erzielt. Vor allem in einer Hochzinsphase können Obligationen mit ehemals tieferen Renditen zu einem Kurs von unter 100% gekauft werden. Der steuerfreie Kursgewinn ergibt sich daraus, dass Obligationen per Verfall zu 100% zurückbezahlt werden.

Marchzinsen

Im Jahr 1998 und danach laufen viele hochverzinsliche Obligationen aus früheren Jahren ab. Wer die Obligationen jeweils vor Ende Jahr zum Börsenkurs von über 100% verkauft, realisiert einen steuerfreien Kursgewinn. Dagegen würde die Rückzahlung per Endverfall nur zu 100% erfolgen. Ebenfalls steuerfrei ist der aufgelaufene Marchzins (Zins seit letztem Couponsverfall bis Verkaufstag). Dieser unterliegt auch nicht der Verrechnungssteuer. Das beschriebene Vorgehen ist eine steuerlich attraktive Möglichkeit, die allerdings bei regelmässiger Anwendung vom Steueramt nicht akzeptiert wird.

Vermögensverwaltungkosten

Nicht alle Steuerämter behandeln die Vermögensverwaltungskosten gleich. Grundsätzlich können aber in der Steuererklärung folgende Aufwendungen abgezogen werden:

- Depotgebühren
- Gebühren für die Auslieferung von Wertschriften
- Gebühren für die Erstellung von Wertschriftenverzeichnissen für die Steuererklärung (Steuerverzeichnis per Ende Jahr)
- Inkassospesen für Titel und Zinscoupons.

Die Kosten für Anlageberatung und Vermögensverwaltung können in der Regel nur dann abgezogen werden, wenn der Beweis erbracht wird, dass eine Eigenverwaltung – zum Beispiel aus Alters- oder Gesundheitsgründen – nicht möglich ist. Die Kosten für Fachliteratur, Börsenbriefe, Online-Börsenanschlüsse, Emissionsgebühren und Courtagen sind ebenfalls nicht anrechenbar.

Besteuerung von Anlagefonds

Die Besteuerung eines Anlagefonds richtet sich nach kantonal unterschiedlichen Regelungen. Im Fall von Aktienfonds fallen hauptsächlich Kursgewinne an, die bei Verkauf der Fondsanteile steuerfrei sind. Auch gemischte Fonds mit Obligationen und Aktien zahlen aus Kursgewinnen stammende Erträge aus. Diese so erzielten und ausgeschütteten Gewinne brauchen ebenfalls nicht als Einkommen versteuert zu werden. Demgegenüber sind Zinserträge und Dividenden aus Fondsanlagen voll als

Ertrag zu versteuern. Entgegen anderslautender Meinung sind auch die Erträge der Thesaurierungsfonds, die Zinsen und Dividenden nicht ausschütten, sondern gleich wieder investieren, sowohl in der direkten Bundessteuer als auch auf Ebene der Kantone zu versteuern. Die Eidgenössische Steuerverwaltung veröffentlicht jährlich eine Kursliste, in der die entsprechenden Beträge aufgeführt sind.

Steuerbegünstigte SICAV-Fonds

Steuerlich bedeutend besser fahren Anlegerinnen und Anleger dagegen in einigen Kantonen mit der Anlage in luxemburgischen Thesaurierungsfonds SICAV (Société d'Investissement à Capital Variable), vor allem wenn es sich um Obligationenfonds in Franken oder Fremdwährungen handelt. Die Kantone, welche für SICAV-Fonds eine Ausnahme machen, sind Bern, Genf, Graubünden, St. Gallen und Zürich. Sie behandeln SICAV-Fonds wie Aktien und besteuern nur diejenigen Erträge, die auch wirklich ausbezahlt werden. Am meisten dürften sich natürlich die Besitzer von SICAV-Obligationenfonds freuen, denn bis zum Verkauf der Fondsanteile via Börse sind sie die eigentlichen Nutzniesser. Der Steuervorteil gilt allerdings nur, wenn die Anteile nicht an den Fonds zurückgegeben, sondern direkt an der Börse verkauft werden. Wohnen Sie in einem der oben erwähnten Kantone, so fahren Sie mit SICAVs steuerlich bedeutend besser als mit Obligationenanlagen. Allerdings sind Änderungen der steuerlichen Bestimmungen möglich. Eine direkte Anfrage an Ihre Bank oder an das Steueramt ist deshalb empfehlenswert.

Achtung: Viele ausländische Thesaurierungsfonds haben ihren Sitz ebenfalls in Luxemburg, erfüllen aber die SICAV-Bestimmungen nicht. Damit man in den Genuss der erwähnten steuerlichen Vorteile kommt, muss man darum ausdrücklich in einen SICAV investieren!

Hände weg von Hedge-Fonds!

Hedge-Fonds sind in der Schweiz noch wenig verbreitet und werden fast nur von professionellen Vermögensverwaltern eingesetzt. Die Manager solcher Hedge-Fonds wollen für ihre spekulationsfreudige Kundschaft auch bei sinkenden Aktien- und Obligationenkursen Geld verdienen. Clevere Vermittler haben diese Lücke bereits entdeckt und ziehen dem gutgläubigen Anleger den Speck durchs Maul.

Vorsorgebaustein 6: Säule 3

Die steuerlich interessante 3. Säule verdient als wichtiges Element der individuellen Vorsorge ein ausführliches Kapitel. Nichts ist leichter, als die Säulen 3a und 3b zu verwechseln, und nichts kommt Sie teurer zu stehen, als wenn Sie deren unterschiedliche Steuervorteile nicht genau kennen.

Fragen an den Geldberater:

Ich bin schon seit 5 Jahren pensioniert und frage mich, ob ich in diesem Alter noch eine Einmaleinlage abschliessen kann? Elvira O.

Ich möchte mein Gottenkind, das mich jetzt im Pflegeheim oft besucht und sich um mich kümmert nach meinem Ableben begünstigen. Das dürfte mit meinen übrigen Erben aber Probleme geben. Jetzt habe ich eine Lebensversicherung ausbezahlt bekommen, und der Versicherungsberater hat gesagt, mit einer Einmaleinlage könne meine Absicht bei seiner Gesellschaft verwirklicht werden. Stimmt das? Marie G.

Säule 3 a: gebundene Vorsorge

Die Säule 3a ist die wirkungsvollste Alternative, um Steuern zu sparen. Man nennt sie auch «gebundene Vorsorge», weil Auszahlungen an gewisse Bedingungen geknüpft sind. Arbeitnehmer und Selbständigerwerbende, die bereits einer Pensionskasse angehören, können jährlich einen bestimmten Betrag (1997 maximal Fr. 5731.–) in die Säule 3a einzahlen und vom Einkommen abziehen. Arbeitnehmer und Selbständigerwebende, die keiner Vorsorgeeinrichtung angehören, können sogar 20% des Erwerbseinkommens (1997 maximal Fr. 28 656.–) einzahlen. Sind beide Ehepartner erwerbstätig, so kann jeder der beiden den Abzug separat für sich vornehmen. Steuerlich interessant ist weiter die Tatsache, dass die Säule 3a nicht als Vermögen zu deklarieren ist und der Vorzugszinsertrag ebenfalls nicht der Besteuerung – auch nicht der Verrechnungssteuer – unterliegt. Ausserdem ist die Auszahlung von Kapitalleistungen steuerlich privilegiert. Solche Kapitalien werden nämlich getrennt vom übrigen Einkommen und nach speziellen Methoden besteuert. Sehr viele Kantone wenden dabei den sogenannten «reduzierten Steuersatz» (früher Rentensatz) an.

Auszahlungsvoraussetzungen

Grundsätzlich bleibt das Guthaben der Säule 3a bis 5 Jahre vor Erreichen des AHV-Alters gebunden und wird spätestens mit Erreichen des gesetzlichen AHV-Rentenalters fällig. Vorzeitige Auszahlungen sind nur in folgenden Fällen möglich:

- Aufnahme einer selbständigen Erwerbstätigkeit oder Wechsel im Rahmen einer selbständigen Erwerbstätigkeit

- Einkauf in eine Vorsorgeeinrichtung der 2. Säule
- Verwendung des Guthabens zum Erwerb von selbstgenutztem Wohneigentum oder zur Amortisation bestehender Hypothekarschulden (siehe auch Seite 62 ff.)
- Bezug einer ganzen Invalidenrente, sofern das Invaliditätsrisiko nicht versichert ist
- Endgültiges Verlassen der Schweiz bei Auswanderung.

Ungeachtet der interessanten Steuervorteile muss die Säule 3a in die Gesamtplanung einbezogen werden, und ihre Errichtung sowie die Einzahlungshöhe müssen wohlüberlegt sein. Denn die eingezahlten Beträge bleiben, mit obigen Ausnahmen, langfristig blockiert. Auch bei finanziellen Problemen oder im Konkursfall sind keine Auszahlungen möglich.

Im Falle einer Scheidung

Seit dem 1. Januar 1997 werden Guthaben der Säule 3a gemäss richterlichem Entscheid geteilt und auf die Beteiligten übertragen. Die so aufgeteilten Vermögenswerte dienen ausschliesslich der Altersvorsorge und müssen wieder auf ein gebundenes Vorsorgekonto überwiesen werden.

Bank oder Versicherung?

Beim Vorsorgekonto 3a einer Bank sind die Einzahlungshöhen frei wählbar, und es bestehen keine Einzahlungsverpflichtungen. Dafür existiert aber auch kein Versicherungsschutz. Weil die Kosten für den Risikoschutz wegfallen, ist die Rendite höher als bei einer Vorsorgepolice 3a einer Versicherungsgesellschaft. Wählt man dagegen die Versicherungslösung, so sind die vereinbarten Zahlungen auch einzuhalten. Eine Versicherungsvariante ist daher nur dann empfehlenswert, wenn zusätzlich ein Risiko zu versichern ist. Immer mehr Banken offerieren auch eine flexible Säule 3a mit Versicherungsvariante sowie die Möglichkeit, den ganzen Betrag oder einen Teil davon in eine BVG-konforme Wertschriftenanlage mit potentiell höherer Rendite anzulegen. Nachstehend ein interessantes, ausführliches Beispiel anhand des Vorsorgekontos 3a der Credit Suisse Privilegia.

Das Privilegia Vorsorgekonto 3a bietet neben dem üblichen Vorzugszins für Säule 3a-Konti auch die Möglichkeit, einen Teil oder den vollen Betrag des Guthabens in Fondsanteile des «Mixta» – eines BVG-konformen Anlagefonds der Credit Suisse Anlagestiftung – anzulegen. Es handelt sich hier um eine fondsähnlich aufgebaute Anlagestiftung mit steuerlichen Vorteilen. Daher darf sie nur Vorsorgegelder von Pensionskassen oder Gelder, die auf einem Freizügigkeitskonto oder einem Säule-3a-

Konto liegen, entgegennehmen. Für Anlagen der Säule 3a wird kein Mindestbetrag verlangt, und die Anteile können zum jeweiligen Ausgabepreis erworben werden (Ausgabepreis per 30. 6. 97: Fr. 987.–). Das Fondsvermögen wird von Anlagespezialisten aktiv verwaltet. Dank einer breiten Diversifizierung der Anlagen kann bei tragbarem Risiko eine Rendite erwartet werden, die über dem Vorzugszins des Säule-3a-Kontos liegt. Wie im Fall anderer Fondsanlagen eignet sich auch diese Anlagevariante für längerfristig disponierende Vorsorgesparer und -sparerinnen. Die Mixta-Anteile können zu den jeweils gültigen Ausgabe- und Rücknahmepreisen täglich gekauft und verkauft werden. Von Vorteil ist, dass weder Depotgebühren noch Kommissionen belastet werden.

Und so sieht die BVG-konforme Anlagestruktur beim Mixta per 30. 6. 1997 aus:

44,5%	Obligationen CHF
11,0%	Obligationen Fremdwährungen
2,9%	Wandel- und Optionsanleihen
20,5%	Schweizer Aktien
15,0%	Ausländische Aktien
0,5%	Immobilien
5,6%	Liquidität

(Durchschnittsrendite der letzten 10 Jahre: 8,5%)

Sie können Ihr Privilegia Vorsorgekonto 3a mit einem Risikoschutz zur Absicherung des Todesfalls- und/oder Invaliditätsrisikos ergänzen. Beim Todesfallschutz handelt es sich um eine Versicherung mit jährlich gleichmässig abnehmendem Kapital. Wird beispielsweise im 1. Jahr mit einem Todesfallkapital von Fr. 100 000.– begonnen, mit einem jährlich im Umfang von Fr. 3 333.– abnehmenden Kapital (Fr. 100 000.– : 30 Jahre), so wären die Hinterbliebenen immer vollumfänglich mit Fr. 100 000.– geschützt, wenn der Vorsorgenehmer jedes Jahr Fr. 3 333.– plus die fällige Nettoprämie sparen würde. Der Sparteil bleibt grundsätzlich flexibel, das heisst, der Vorsorgenehmer kann, er muss aber nicht einzahlen. Einzig die geschuldeten, konstanten Versicherungsprämien müssen auf das Vorsorgekonto eingezahlt werden. Nach Ablauf der Versicherung wird dafür ein Bonus ausbezahlt, dessen Höhe allerdings nicht garantiert ist. Die Erwerbsunfähigkeitsversicherung zahlt im Falle von Invalidität – verursacht durch Unfall oder Krankheit – eine Rente. Diese dient zur Ergänzung der AHV/IV.

Geldberater-Tip:
Eröffnen Sie nicht nur ein Konto Säule 3a, sondern besser zwei. Die Anzahl der Säule-3a-Konti ist gesetzlich nicht beschränkt. Mehr als ein Konto zu eröffnen hat den Vorteil, dass die Auszahlungen steuerlich günstiger gestaffelt auf mindestens 2 Jahre verteilt werden können. Weil die stufenweisen Auszahlungen in der Regel nicht zusammen angerechnet werden, ergibt sich eine geringere Steuerprogression. Mehr als zwei Konti zu führen macht jedoch keinen Sinn, da die Steuerämter dies als Steuerumgehung taxieren könnten. Zu beachten ist ausserdem, dass Sie diese Guthaben keinesfalls im gleichen Jahr wie das Pensionskassenkapital beziehen sollten!

Je früher im Jahr Sie den Betrag ins Säule-3a-Konto einzahlen, desto länger profitieren Sie vom Vorzugszins. Lassen Sie den Betrag dagegen bis Ende Jahr auf einem normalen Sparkonto liegen, so muss der Zins als Einkommen versteuert werden und unterliegt der Verrechnungssteuer.

Die Erbfolge für Säule-3a-Guthaben ist gesetzlich geregelt: 1. Ehegatte oder Ehegattin; 2. direkte Nachkommen; 3. Eltern; 4. Geschwister; 5. übrige Erben. Auch wenn Sie ein Testament abgefasst haben, können Sie diese Reihenfolge nicht nach Belieben ändern. Dies ist erst ab Punkt 3 möglich. Vergessen Sie aber nicht, der Bank oder Ihrer Versicherung diese Änderung per Einschreiben mitzuteilen.

Eine empfehlenswerte Anlagealternative: Eine Hälfte der Einzahlungen kann auf ein konventionelles Säule-3a-Konto, die andere Hälfte in eine BVG-konforme Wertschriftenvariante geleistet werden.

Prüfen und vergleichen Sie die Angebote von Versicherungen und Banken, und lassen Sie sich von fiktiven Zinsen und Renditen nicht blenden!

Säule 3b: freie Vorsorge

Ein wichtiger Baustein für ein solides finanzielles Fundament im Alter ist die Säule 3b. Diese zählt ebenso zur freien Vorsorge wie das Sparkonto, Obligationen oder andere Vermögenswerte. Handelt es sich dabei zudem um eine Anlageform mit angemessenem Versicherungsschutz, so sind damit verschiedene steuerliche Vorteile verbunden. Obwohl Offertvergleiche nicht immer einfach sind, ist es empfehlenswert, bei verschiedenen Gesellschaften eine schriftliche Offerte auf gleicher Basis einzuholen. Nur so ist es möglich, Birnen mit Birnen zu vergleichen.

Versicherungslösungen: Schwerpunkt Einmaleinlagen

Bei Versicherungen der Säule 3b mit regelmässigen Prämieneinzahlungen wie auch im Fall der fondsgebundenen Lösungen ist die gesamte Auszahlung im Erlebensfall steuerfrei. Gerade für die langfristige Vorsorgeplanung finden sogenannte Einmaleinlagen (auch Kapitalversicherungen genannt) aus verschiedenen Gründen bei Sparern mit Vermögen jeglicher Grösse immer mehr Anklang. In gewissen Kantonen kann sogar von einer boomartigen Zunahme gesprochen werden.

Bei einer Einmaleinlage wird bereits im Zeitpunkt des Vertragsabschlusses der gesamte zu diesem Zweck vorgesehene Anlagebetrag auf einmal eingezahlt und für eine bestimmte Dauer angelegt. Die ausbezahlte Summe von Einmaleinlagen ist steuerfrei, wenn gewisse – kantonal abweichende – Bedingungen erfüllt sind. In der Bundessteuer sind die Voraussetzungen einheitlich geregelt: Damit der ausbezahlte Betrag – inklusive aller während der Laufzeit aufgelaufenen Erträge und nicht garantierten Überschüsse – steuerfrei ist, müssen zwei Bedingungen gleichzeitig erfüllt sein: Die Anlagedauer muss mindestens 5 Jahre betragen, und bei der Auszahlung muss der Empfänger das 60. Altersjahr vollendet haben.

Kantonale Besteuerung von Einmaleinlagen

Eine 10jährige Laufzeit für die Steuerfreiheit im Alter von 60 Jahren verlangen die Kantone GL, JU, OW, SG, SO, TG, TI und UR. Im Kanton AG werden Zinserträge getrennt vom übrigen Einkommen zu 40% des ordentlichen Steuertarifs besteuert. Im Kanton NW werden die Zinsen zum jeweils festgelegten technischen Zinsfuss (effektive Verzinsung während der ganzen Laufzeit seit Abschluss; der einmal festgelegte technische Zinsfuss wird bei Einmaleinlagen nicht mehr verändert) besteuert.

Bei vorzeitiger Auflösung werden die angesammelten Zinserträge in der Bundessteuer und in folgenden Kantonen mit der Einkommenssteuer erfasst: AI, GL, GR, JU, NW, OW, SG,SO,TG,TI und UR. Dagegen sind die Zinserträge bei vorzeitiger Auflösung in folgenden Kantonen steuerfrei: AR, BL, BS, BE, FR, GE, LU, NE, SH, SZ, VS, VD, ZG und ZH.

Im Kanton AG werden Zinserträge getrennt vom übrigen Einkommen zu 40% des ordentlichen Steuertarifs, im Kanton NW zum jeweiligen technischen Zinsfuss besteuert.

Keine Verrechnungssteuer

Die Erträge auf Einmaleinlagen sind verrechnungssteuerfrei. Die Versicherungsgesellschaft ist jedoch verpflichtet, den Steuerbehörden eine namentliche Meldung zu erstatten. Der Vertragspartner hat aber das Recht, mittels schriftlicher Mitteilung (eingeschrieben) an die Versicherungsgesellschaft auf die namentliche Meldung zu verzichten. Wählt man gegenüber der Steuerbehörde dieses anonyme Vorgehen, so wird auf dem gesamten ausbezahlten Betrag – einschliesslich der aufgelaufenen Erträge und Überschüsse – automatisch eine Verrechnungssteuer von 8% abgezogen. Diese kann innert drei Jahren bei der Eidgenössischen Steuerverwaltung zurückgefordert werden, sofern die Einmaleinlage korrekt zum jeweiligen Rückkaufswert versteuert worden ist.

Keine Garantie für Überschussanteile

Die Überschussanteile (Bonus) einer Sparversicherung oder Einmaleinlage hängen von den aus den verwalteten Geldern erzielten Erträgen sowie davon ab, ob die Guthaben kostenbewusst verwaltet werden und ob die effektive Sterblichkeit der Gesamtheit der Versicherten günstig verläuft. Darum können die Überschussanteile nicht garantiert werden. Sie sind bisher aber immer ausbezahlt worden.

Die wichtigsten Vorteile der Einmaleinlage im Überblick

- Ab Vertragsbeginn sofortiger Todesfallschutz für den im Todesfall garantierten Betrag, unabhängig von der bisherigen Dauer
- Bessere finanzielle Absicherung der Familie
- Zweckmässige Deckung der Hypothekarschulden
- Steuerlich attraktive Anlagevariante zu den bisher bereits erwähnten Alternativen
- Dank Steuervorteil höhere Rendite als auf Anlagen in fest verzinslichen Wertpapieren, mit Schwerpunkt auf Sicherheit
- Im Notfall rasche Liquiditätsbeschaffung durch Verpfändung der Police bei der Bank oder der Versicherungsgesellschaft
- Vereinfachte Vermögensverwaltung ohne Kommissionen und Depotgebühren
- Garantierter Vermögenszuwachs ohne Verlustrisiken

Erb-, betreibungs- und konkursrechtliche Sonderbestimmungen für Einmaleinlagen

Einmaleinlagen weisen unterschiedliche erbrechtliche Vorteile auf, die es dem Geldanleger erlauben, Vorkehrungen für die Zeit nach seinem Ableben zu treffen. Insbesondere Konkubinatspaare können die gemäss Erbrecht geltenden Bestimmungen mit einer Lösung, die dem eigenen Interesse besser dient, ersetzen. In der Begünstigungsklausel jeder Versicherungspolice ist zu bestimmen, an wen die Versicherungssumme im Todes- oder Erlebensfall auszuzahlen ist. Dabei sind folgende Punkte besonders erwähnenswert:

- Mit der Begünstigungsklausel sind höhere Zuweisungen möglich. Die gesetzlichen Pflichtteile dürfen jedoch nicht geschmälert werden.

- Begünstigungen sollten nicht unwiderruflich abgefasst werden, damit die Begünstigungsklausel jederzeit an eventuell neue Gegebenheiten (z.B. neue Partnerin) angepasst werden können.
- Langwierige Erbteilungsverhandlungen entfallen; im Todesfall wird die Versicherungssumme sofort an den oder die Begünstigten ausbezahlt. Die Erben haben lediglich das Recht, zu verlangen, dass der Rückkaufswert der Einmaleinlage per Todestag in die Berechnung des Nachlasses mit einbezogen wird. Eine andere Regelung gilt für reine Todesfallversicherungspolicen. Da diese als reine Risikoversicherungen (Leistung wird nur ausbezahlt, wenn der Versicherte stirbt) keinen Spar- und Vermögensteil enthalten, können die Erben dem Begünstigten gegenüber auch keine Ansprüche geltend machen.

Offert-Beispiel:
Einmaleinlage Life*Star*/CS Life in Schweizer Franken

Zu versichernde Person	**Frau 50**	**Mann 50**
Geburtsdatum: 1. Juni 1947		
Eintrittsalter	50 Jahre	
Vertragsdauer	10 Jahre	
Alter bei Vertragsablauf	60 Jahre	
Versicherungsleistungen		
Garantiertes Todesfallkapital zuzüglich Überschussanteile*)	133 218.–	132 214.–
Garantiertes Erlebensfallkapital	133 218.–	132 214.–
Überschussanteile	3557.–	3766.–
Erlebensfalltotal*)	136 775.–	135 980.–
Erlebensfallrendite*)	3,18%	3,12%

Finanzierung: Einmaleinlage Fr. 100 000.–
*) Künftige Überschussanteile hängen von den Erträgen der Kapitalanlagen sowie vom Risiko- und Kostenverlauf ab und können nicht garantiert werden.

Höhere Rendite – höhere Risiken

Die Versicherungsgesellschaften bieten auch Einmaleinlagen in Fremdwährungen an (siehe Tabelle 2, Seite 59). Anleger bevorzugen in diesem Zusammenhang die Währungen USD, DEM und XEU (ECU). Wie im Fall von Obligationen oder Anlagefonds in Fremdwährung ist aber auch hier die erwartete höhere Rendite mit einem höheren Kursrisiko verbunden. Somit gilt auch für Fremdwährungs-Einmaleinlagen die Regel, dass sie auf den Anlegertyp zugeschnitten sein sollten.

Geldberater-Tip:
Je geringer das Alter bei Abschluss einer Einmaleinlage, desto höher die Rendite, da die Risikokosten tiefer sind. Je länger die Laufzeit, desto höher die Rendite (siehe Tabelle 1, unten). Bei tiefem Zinsniveau sollten 5-jährige Laufzeiten bevorzugt werden, sofern die Steuerbedingungen erfüllt sind. Einmaleinlagen können in den Laufzeiten ebenso gestaffelt werden wie zum Beispiel die Fälligkeiten von Obligationen.

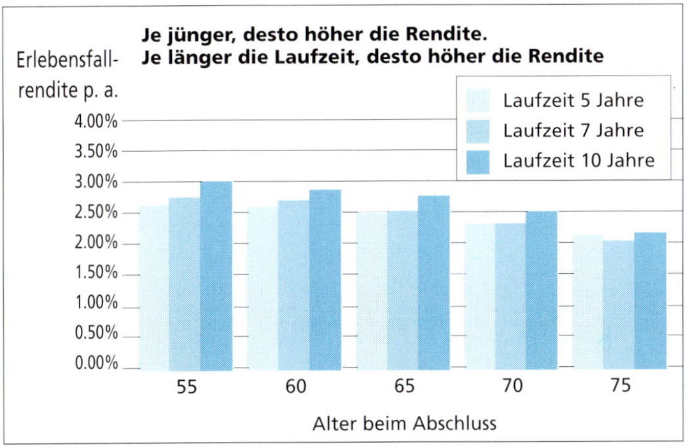

Tabelle 1
Erlebensfallrendite pro Jahr

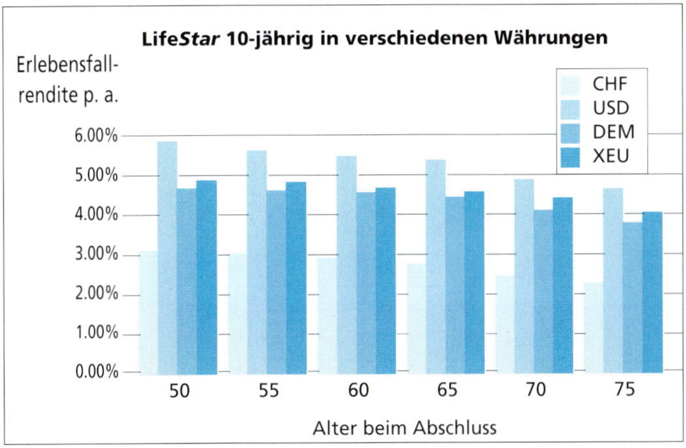

Tabelle 2
Beispiel: LifeStar, 10-jährige Laufzeit in verschiedenen Währungen

Geldberater-Tip:
Ein Umtausch (Switch) in eine andere Währung zum Tageskurs sollte jederzeit möglich sein. Sehen Sie in den Versicherungsbedingungen nach, ob dies der Fall ist.

Fondsgebundene Einmaleinlagen

Da Sie mit Anlagefonds (Seite 31ff.) bereits vertraut sind, sollten Sie auch dieses Versicherungsprodukt für Ihr Vorsorgekapital näher prüfen. Es lohnt sich!

Beispiel Life*Fund* der CS Life – Einmaleinlage Fr. 100 000.-. Grundlage für die Berechnung: Es werden jährliche Fondsrenditen in Höhe von 4%, 6% und 8% angenommen. Die Erlebensfallrendite hängt von der Rendite der ausgewählten Fonds ab. Fondsauswahl aus 80 Anlagefonds der Credit Suisse.

Tabelle 3
LifeFund der CS Life

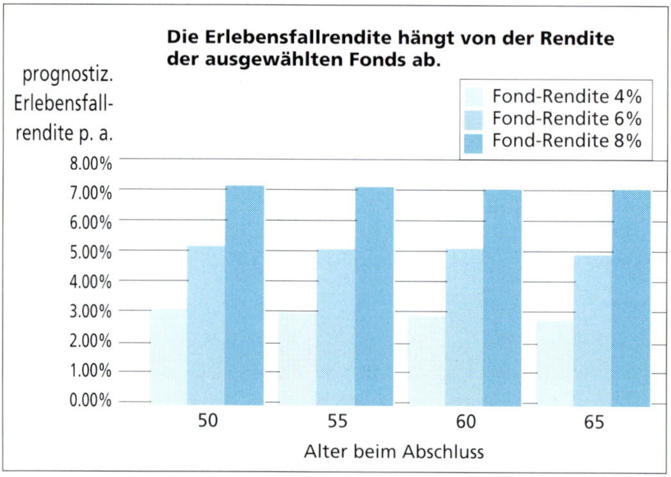

Gegenüber der konventionellen Einmaleinlage bestehen bei einer fondsgebundenen (anteilgebundenen) Einmaleinlage folgende wichtige Unterschiede:

- Mit einer fondsgebundenen Einmaleinlage (die Versicherungsgesellschaft investiert Ihre Gelder in diversen Anlagefonds) können Sie sich ebenfalls direkt an den Geld- und Kapitalmärkten engagieren und so möglicherweise eine höhere Rendite erzielen.
- Die Laufzeit der fondsgebundenen Einmaleinlage ist von Bund und Kantonen einheitlich geregelt. Sie muss mindestens 10 Jahre betragen.
- Während der Laufzeit sind mehrere Fondswechsel möglich. Somit können Sie Ihre Anlage bei Bedarf an Ihr geändertes An-

lageziel anpassen. Die Auswahl an solchen Fondspolicen und darin erhältlichen Fondskonzepten nimmt stetig zu.

- Die fondsgebundenen Einmaleinlagen kennen – mit wenigen Ausnahmen – keine garantierte Erlebensfall-, sondern nur eine garantierte Todesfall-Leistung. Die Erlebensfall-Leistung hängt von der Fondsentwicklung ab.

Auf Seite 60 finden Sie ein Beispiel für die Erlebensfall-Leistung einer fondsgebundenen Einmaleinlage bei unterschiedlicher Renditenentwicklung.

Einmaleinlagen mit Rentenlösung

Auch wenn Rentenlösungen weder die Steuervorteile der Säule 3a noch diejenigen der Einmaleinlagen erreichen, können solche Einmaleinlagen trotzdem eine gute Anlagealternative sein. Dies besonders für Pensionierte, die neben AHV und Pensionskasse auf ein regelmässiges Zusatzeinkommen angewiesen sind und dennoch die steuerlichen Vorteile von Rentenlösungen ausschöpfen möchten.

Bei Rentenlösungen ist immer darauf zu achten, dass es sich um eine Rentenversicherung mit Rückgewähr handelt. Diese Rückgewährsklausel bietet die Garantie, dass der überlebende Ehepartner oder die Begünstigten das bis zum Todestag nicht ausbezahlte Kapital zurückerhalten.

Steuervorteile

In den meisten Kantonen ist der Rückkaufswert ab Rentenbeginn nicht mehr als Vermögen zu versteuern. Die privaten Rentenlösungen sind ausserdem steuerlich auch insofern privilegiert, als in der Regel nur ein Teil (meistens 60%) der Rente als Einkommen zu versteuern ist. Irrtümlicherweise wird dieser reduzierte Steuersatz oft mit dem Rentensatz verwechselt, der bei der Auszahlung von Geldern der Säule 3a angewendet wird. Trotz des reduzierten Satzes erfolgt aber – im Gegensatz zur Einmaleinlage mit Kapitalauszahlung – eine teilweise Doppelbesteuerung des selbst finanzierten Kapitals.

Geldberater-Tip:
Wird eine Rentenlösung auf das Leben beider Ehepartner abgeschlossen, so erhält der überlebende Partner bis ans Lebensende weiterhin eine 100%ige Rentenzahlung. Dies ist ein wichtiger Vorteil gegenüber der Pensionskassenrente, denn dort erhält die Ehegattin nach dem Ableben ihres Gatten nur noch 60% des Rentenbetrags. Dieser ist zudem ab 1. Januar 2001 zu 100% steuerbar! Ist ein Ehepartner allerdings um einiges jünger als der andere, so kostet diese Rentenlösung auf zwei Leben wegen der langen Lebenserwartung des einen Partners viel Kapital. Ein Vergleich mit der Pensionskassen-Rente ist somit angebracht.

Gegenüber der sofort beginnenden Rentenzahlung wird der aufgeschobene Rentenbeginn mit einer wesentlich höheren Rentenleistung belohnt.

Höhere Leistungen bei Rentenaufschub

Vergleich Life*Pension* der CS Life: Fr. 100 000.– Einmaleinlage mit Rentenlösung

Versicherungsbeginn	1.6.1997 garantierte Rente in Fr. pro Jahr *)	Aufschubszeit 5 Jahre garantierte Rente in Fr. pro Jahr *)
Zu versichernde Personen:		
Frau 60/Mann 60	5030.–	6121.–
Frau 65/Mann 65	5488.–	6797.–
Frau 70/Mann 70	6138.–	7691.–

*) zur garantierten Rente kommen die nicht garantierten Überschussanteile.

Vorsorgebaustein 7: Eigenheim

Finanzierung des Eigenheims mit Vorsorgekapital

Träumen Sie von den eigenen vier Wänden? Haben Sie schon daran gedacht, für die Verwirklichung dieses Traums Ihre Pensionskasse zu plündern und die Ihnen zustehende Kapitalsumme bar zu beziehen? Vergessen Sie diesen Gedanken gleich wieder. Ab Seite 63 sagen wir Ihnen, warum. Und im Kapitel «Verpfänden: Die bessere Lösung» erfahren Sie, wie Sie Ihren Traum trotzdem verwirklichen können.

Geld aus der Pensionskasse

Seit dem 1. Januar 1995 ist es möglich, das Geld aus der beruflichen Vorsorge (2. Säule/PK) zum Erwerb von selbstgenutztem Wohneigentum, für den Kauf von Anteilen an Wohnbaugenossenschaften oder zur Amortisation von Hypotheken zu beziehen. Solch ein Bezug ist im Abstand von jeweils 5 Jahren zulässig.

Für Versicherte unter 50 Jahren ist die auszahlbare Kapitalsumme auf die bereits erworbene Freizügigkeitsleistung begrenzt. Ältere Versicherte erhalten entweder die Summe der Freizügigkeitsleistung, die ihnen im Alter von 50 Jahren zugestanden hätte oder maximal die Hälfte des Freizügigkeitsanspruchs beim Bezug, falls diese Summe höher ist.

Für verheiratete Versicherte ist der Bezug von Pensionskassenkapital zum Erwerb von Wohneigentum nur zulässig, falls der Ehegatte / die Ehegattin dem schriftlich zustimmt. Fehlt diese Zustimmung, kann das zuständige Gericht zum Entscheid über die Zulässigkeit des Kapitalbezugs angerufen werden.

Berufstätige Frauen können ihren Anspruch nur beziehen oder verpfänden, wenn sie zusammen mit ihrem Ehe- oder Lebenspartner Mit- oder Gesamteigentümerin der Wohnung oder des Hauses sind. Auch ein Mann, der in der Liegenschaft seiner Gattin wohnt, kann keinen Vorbezug tätigen, ohne dass zuerst Mit- oder Gesamteigentum begründet wurde.

Besteuerung

Aus der Vorsorgeeinrichtung zum Zweck der Wohneigentumsfinanzierung bezogenes Kapital wird unmittelbar bei Bezug besteuert. Da die Steuerbestimmungen und Ansätze auf kantonaler Ebene nicht einheitlich geregelt sind, ist die Steuerverwaltung der jeweiligen Gemeinde oder des entsprechenden Kantons anzufragen. Die Steuer wird aber überall getrennt vom übrigen Einkommen und Vermögen erhoben und nach anderen Regeln als in der Einkommenssteuer berechnet. Beachten Sie, dass der als Steuer erhobene Betrag für die Wohnfinanzierung nicht mehr zur Verfügung steht. Im Fall einer Rückzahlung des vorbezogenen Kapitals an die Vorsorgeeinrichtung wird die entrichtete Steuer (ohne Zins) auf Verlangen zurückbezahlt. Wird das mit dem Geld aus der beruflichen Vorsorge erworbene Wohneigentum vor Eintritt des Vorsorgefalls (Rentenalter, Invalidität) verkauft, so muss der vorbezogene Betrag wieder an die Vorsorgeeinrichtung zurückbezahlt werden. Erst wenn das geschehen ist, wird das Eigentum dem Erwerber per Grundbuch überschrieben. Wurden mit dem Geld Genossenschaftsanteile finanziert, dann wird der Vorsorgezweck durch deren Hinterlegung bei der Vorsorgeeinrichtung sichergestellt. Die Rückzahlungspflicht bei Verkauf des Wohneigentums besteht bis drei Jahre vor Beginn des Anspruchs auf Altersleistungen, bis zum Eintritt eines anderen Vorsorgefalls (Invalidität) oder aber bis zur Barauszahlung.

Nachteile des Barbezugs

Mit einem Barbezug sind gewichtige Nachteile verbunden: Renten oder Kapitalleistungen werden im Versicherungsfall (Alter, Invalidität) im Umfang des vorbezogenen Betrags (oder eines verwerteten Pfandes) zum Teil massiv gekürzt. Um zumindest eine Einbusse bei Invalidität oder im Todesfall zu vermeiden, bietet die Vorsorgeeinrichtung Zusatzversicherungen an. Die Prämien gehen dabei voll zu Lasten des Versicherten.

Jüngere Versicherte können ausserdem oft nur relativ geringe Kapitalien aus der beruflichen Vorsorge beziehen.

Vorsorgeeinrichtungen dürfen jedoch direkte Hypothekardarlehen (meistens zu Vorzugskonditionen) gewähren. Diese Alternative ist für jüngere Personen empfehlenswert. Jene Darlehen können dann durch die jährlich steigenden Freizügigkeitsleistungen amortisiert werden.

Ein Kapitalbezug sollte auch aus anderen Gründen wohlüberlegt sein. Ist zum Beispiel der Arbeitsplatz nicht gesichert, was heute immer mehr der Fall ist, so könnte ein instabiler Liegenschaftenmarkt den Traum rasch zum Alptraum werden lassen. Muss die Liegenschaft unter dem Kaufpreis veräussert werden, so kann sich dies mitunter sogar existenzbedrohend auswirken.

Ein Erwerb via Kapitalbezug sollte somit wegen der damit zusammenhängenden Nachteile nur dann erfolgen, wenn die Zinsenlast andernfalls nicht tragbar wäre und der Erwerb damit verunmöglicht würde. In Fällen, in denen diese Überlegungen zutreffen, handelt es sich allerdings um ein bereits sehr angespanntes Budget.

Die bessere Lösung: Verpfänden

Eine Verpfändung der Ansprüche einer Säule 2 oder 3a (Bezug nur alle 5 Jahre möglich) wirkt sich steuerlich bedeutend vorteilhafter aus, weil Sie einerseits die vollen Schuldzinsen von Ihrem Einkommen abziehen können und andererseits nicht nur von den steuerlichen Vorteilen der Säule 3a, sondern auch weiterhin vom Alters- und Risikoschutz profitieren. Eine Verpfändung ist zurzeit bei allen Banken und Versicherungen problemlos möglich, sofern die damit zusammenhängenden Eigenkapital- (20%) und Finanzierungsgrundsätze (tragbare Gesamtbelastung maximal 30% vom Einkommen) eingehalten werden können.

Ratenbezug des Pensionskassen-Guthabens für Wohneigentum?

Sofern im Stiftungsreglement vorgesehen, kann das Altersguthaben für den Erwerb von Wohneigentum oder für die Amortisation einer Hypothek verwendet werden. Der Bezug wird dann getrennt vom übrigen Einkommen besteuert. Ausschliesslich für diese Verwendungszwecke ist alle 5 Jahre ein vorzeitiger, gestaffelter Bezug des PK-Guthabens möglich. Bedenken Sie, dass die Amortisation der Hypothek mit Pensionskassengeldern zu höheren Steuern führt, da das steuerbare Einkommen wegen tieferer Schuldzinsen steigt. Die erzielte Zinsentlastung wird deshalb durch die entstandenen Mehrsteuern wieder unliebsam reduziert. Die Hypothek sollte deshalb auf maximal 60% des Marktwertes der Liegenschaft aufgestockt werden. Eine höhere Belehnung ist – wegen der Unsicherheiten auf dem Liegenschaftenmarkt – nicht zu empfehlen. Die Gelder aus der Aufstockung der Hypothek müssen einkommenssteuerfrei angelegt werden, da Sie sonst wieder steuerbares Einkommen schaffen. Liegt der

Schwerpunkt auf Sicherheit, so eignen sich für eine solche Anlage vor allem Einmaleinlagen. Überlegen Sie es sich sehr gut, ob Sie das PK-Geld nur aus steuerlichen Gründen wie beschrieben vorzeitig verwenden wollen. Denn damit ist auch eine Einbusse der Altersleistung verbunden.

Die Nutzung des Eigenheims im Alter

Die weitere Nutzung der selbst bewohnten Liegenschaft im Alter nimmt in der Vorsorgeplanung einen wichtigen Stellenwert ein. Oft stehen in der zweiten Lebenshälfte – neben dem Verkauf aus Krankheitsgründen – auch praktische oder steuerliche Überlegungen im Vordergrund.

Begünstigung von Verwandten

Meistens stellen Eltern ihren Kindern das Elternhaus gratis zur Verfügung und ziehen in eine Mietwohnung um. In diesem Fall wird ihnen als den Eigentümern weiterhin der bisherige Eigenmietwert zu 100% als Einkommen angerechnet und muss auch als solches versteuert werden. In einem solchen Fall ist es empfehlenswerter, mit dem Kind einen schriftlichen, ortsüblichen Mietvertrag abzuschliessen und darin einen wesentlich tieferen Mietzins (z.B. Fr. 900.– statt effektiver Marktmiete von Fr. 1900.– pro Monat) zu vereinbaren. Denn dann ist nur die reduzierte Miete anstelle des höheren Eigenmietwertes zu versteuern. Die Steuerämter sehen dieses Vorgehen zwar nicht gerne, können aber gemäss steuergerichtlicher Praxis dem steuerbaren Einkommen keinesfalls einen höheren Mietwert oder gar den früheren Eigenmietwert anrechnen.

Der unbekannte Unternutzungsabzug

Seit dem 1. Januar 1995 ermöglichen der Bund wie auch viele Kantone auf dem Eigenmietwert einen Abzug für dauernd ungenutzte Räumlichkeiten (meistens infolge Wegzugs der Kinder oder Ableben eines Ehepartners). Damit dieser Abzug rechtlich zulässig ist, darf die Wohnung oder das Haus effektiv nur teilweise genutzt werden. Zudem muss ein krasses Missverhältnis zwischen Wohnungsgrösse und der Zahl der die Wohnung nutzenden Personen bestehen. Erkundigen Sie sich deshalb vor dem Ausfüllen der nächsten Steuererklärung unbedingt danach, ob in Ihrem Kanton die Möglichkeit eines Unternutzungsabzugs besteht und welche Bedingungen und Kriterien dafür einzuhalten sind. Mit dieser Einsparung kann sich Ihr jährlicher Alterssparbatzen wesentlich erhöhen!

Nutzniessung an einer Liegenschaft

Gemäss Erbrecht kann dem überlebenden Ehegatte die Nutzniessung an der Liegenschaft zugewiesen werden. Eine Beratung durch den Notar ist für diesen Fall sehr empfehlenswert.

Nutzniessung bedeutet, dass die Vermögenswerte –im Gegensatz zum Eigentum – nur genutzt werden dürfen, der Nutzniesser aber nicht darüber verfügen darf (Wertpapiere, Liegenschaften). Eine Liegenschaft kann vom Nutzniesser bewohnt oder vermietet werden. Ein Verkauf durch ihn ist jedoch nicht möglich. Der übliche Liegenschaftenunterhalt geht zu Lasten des Nutzniessers. Hingegen sind ausserordentliche Aufwendungen und Reparaturen der Liegenschaft durch den Hauseigentümer zu tragen. Im Unterschied zu Pacht, Miete oder Wohnrecht gehen jedoch die Hypothekarzinsen, die Liegenschaftensteuern und Abgaben sowie die Versicherungsprämien zu Lasten des Nutzniessers.

Wohnrecht

Wird eine Liegenschaft an Kinder verkauft oder verschenkt und den Eltern ein lebenslanges, unentgeltliches Wohnrecht eingeräumt, so gilt der Nutzungswert an der Wohnung oder am Haus aus Steuersicht als Einkommen des Nutzniessers bzw. des Wohnberechtigten. Der Liegenschaftenbesitzer bzw. Grundeigentümer bleibt dabei von der Einkommenssteuer befreit. Wird das Wohnrecht jedoch gegen Entgelt eingeräumt, so liegt dem ein Mietvertrag zugrunde, und der Ertrag stellt für den Grundeigentümer steuerpflichtiges Einkommen aus sogenannt unbeweglichem Vermögen dar.

Für den Berechtigten stellt der Nutzungswert des Wohnrechts (Mietwert der Wohnung) ebenfalls steuerbares Einkommen dar. Durch Schenkung mit lebenslangem Gratis-Wohnrecht verringert der Schenkende seine Wohnkosten. Der Erbe muss als neuer Eigentümer für Unterhalt und Hypothekarzins aufkommen, sofern die Hypothek mit übertragen wurde. Ausserdem kann die oft ungenutzte Möglichkeit einer lebenslangen zusätzlichen Rentenzahlung an den Schenker vereinbart werden. Den Hypothekarzins und die Renten kann der Erbe von seinem Einkommen in Abzug bringen. Nachteilig kann sich aber auswirken, dass der Schenkende nicht mehr alleiniger Herr und Meister in seinem Haus ist. Die Schenkungssteuern orientieren sich an den kantonalen Bestimmungen.

Erhöhung einer bereits amortisierten Hypothek

Soll ich eine bereits amortisierte Hypothek wegen des Steuervorteils wieder erhöhen? Die Empfehlung von Beratern, amortisierte Hypotheken zu erhöhen und den daraus zufliessenden Geldbetrag in eine Einmaleinlage zu investieren, kann aus Steuergründen durchaus Sinn machen und motiviert deshalb natürlich zu einem Abschluss. Der Vorteil dieser Lösung ist, dass Sie wieder höhere Schuldzinsen vom Einkommen abziehen können und sich die Einmaleinlage während der ganzen Laufzeit steuerfrei verzinst.

Überlegen Sie sich gut, ob Sie sich auf diese Weise verschulden wollen, denn wer weiss schon, was ihm die Zukunft in gesundheitlicher oder beruflicher Hinsicht bringt. Auch die Entwicklung des Marktes für Liegenschaften ist ungewiss – somit also ein ungünstiger Zeitpunkt, um wegen eines Steuervorteils die Hypotheken zu erhöhen.

Wer diese legale Steuersparmöglichkeit trotzdem nutzen will, muss gewisse Bedingungen erfüllen, damit dieses Vorgehen nicht als Steuerumgehung taxiert wird. So muss die durch Schuldenaufnahme finanzierte Einmaleinlage-Versicherung vor allem der Altersvorsorge, der Risikodeckung und der Vermögensanlage dienen. Sind diese Voraussetzungen nicht erfüllt, dann erfolgt zwar keine Strafsteuer, dafür wird aber eine entsprechende Einkommenssteuer erhoben.

Eine Aufstockung der Hypothek kann gerechtfertigt sein, wenn andere Vermögenswerte – etwa Liegenschaften, langfristige Darlehen an Kinder und Verwandte oder stark im Kurs gesunkene Wertpapieranlagen, die nur mit Verlust veräussert werden könnten – nur schwer zu liquidieren sind. Die Einmaleinlage sollte in diesem Fall in der Regel höchstens die Höhe des übrigen Reinvermögens erreichen. Noch sicherer wäre das Vorgehen, wenn die neuen Schulden jederzeit aus dem übrigen Vermögen zurückbezahlt werden können. Sind diese steuerlich relevanten Bedingungen nicht erfüllt, so könnte sich das vermeintliche Gewinngeschäft rasch in einer Steuerfalle verwandeln.

Steuern sparen dank indirekter Amortisation

Statt eine Hypothekarschuld direkt abzuzahlen, lohnt es sich, sie indirekt über die 3. Säule zu amortisieren. Die Steuerersparnis ist beachtlich. Den Beweis dafür liefert Ihnen ein Beispiel unseres Steuerspartests auf Seite 68. Wer dank seines Einkommens sparen kann und die Schulden auf seinem Haus abbezahlt, reduziert zwar optisch die Zinsbelastung. Er liefert dem Steueramt aber auch immer mehr Steuergelder ab, da sich gleichzeitig auch die Schuldzinsabzüge reduzieren. Wenn Sie hingegen auf die direkte Amortisation bei Bank oder Versicherung verzichten und stattdessen die in der Säule 3a und 3b auflaufenden Guthaben an die Hypothekargläubigerin verpfänden, können Sie weiterhin die vollen Schuldzinsen vom Einkommen in Abzug bringen. Indirekt via Säule 3a zu amortisieren ist besonders interessant. Denn die eingezahlten Beträge können bis zur gesetzlich erlaubten Höhe (siehe Seite 52) vom Einkommen abgezogen werden, und das Guthaben zum Vorzugszins ist – inklusive aller Zinsen und Erträge – bis zur Auszahlung steuerfrei. Erst die Auszahlung wird zum Vorzugssatz besteuert.

Für Versicherungslösungen der Säule 3b mit laufender Prämie (Sparversicherung) ist im Erlebensfall die gesamte Auszahlung steuerfrei. Hingegen können die Einzahlungen, mit Ausnahme der steuerlich zulässigen, kantonal unterschiedlichen Pauschalabzüge, nicht vom Einkommen in Abzug gebracht werden.

Die indirekte Amortisation ist in folgenden Fällen besonders vorteilhaft:

- Bei steigendem Einkommen und hoher Steuerbelastung (Grenzsteuersatz)
- Bei tiefen Hypothekarzinsen
- Bei Bedarf an Versicherungsschutz: Durch die Prämienbefreiung bei Erwerbsunfähigkeit infolge Krankheit und Unfall wird Ihr Amortisationsziel von den gesamten Prämienzahlungen (Wartefrist 12 Monate) befreit. Im Todesfall wird die garantierte Versicherungssumme, plus angesammelte Überschüsse, sofort ausbezahlt.

Beispiel

Ein Beispiel, das die Vorteile der indirekten Amortisation aufzeigt: Die in Genf lebende Hausbesitzerin Claire Ducret verfügt über ein steuerbares Einkommen von Fr. 90 000.–. Ihre 2. Hypothek von noch Fr. 110 000.– ist zurzeit mit 4,75% zu verzinsen. Eine indirekte Amortisation, bei der sie die jährlich fälligen Amortisationsraten in Höhe von Fr. 5500.– in die Säule 3a bei der Bank einzahlt, bringt ihr in 20 Jahren – dannzumal wird sie 63 Jahre alt sein – eine Steuerersparnis von insgesamt Fr. 49 236.– ein! Versicherungslösungen ergeben immer noch eine Steuerersparnis von Fr. 45 070.– und enthalten zusätzlich einen Versicherungsschutz. Sogar indirekte Einzahlungen in die Säule 3b hätten noch einen Steuervorteil von Fr. 11239.– zur Folge. Als gut verdienende Abteilungsleiterin einer Dienstleistungsfirma kann Frau Ducret darüber hinaus zusätzlich Fr. 4000.– in eine Säule 3b einzahlen und spart damit noch mehr Steuern.

Ihr persönlicher Hypo-Test

Jetzt können Sie Ihre persönliche Steuerersparnis genau testen lassen. In Zusammenarbeit mit der Tribut AG in Niederwangen b. Bern und der Würth-Vorsorge in Uster wurde ein einfacher Fragebogen ausgearbeitet, den Sie beim Beobachter bestellen können (Coupon Seite 73). Leserinnen und Leser dieser Broschüre können den Test zum Vorzugspreis von Fr. 49.– (statt Fr. 65.–) durchführen lassen und erhalten eine persönliche Auswertung mit vier Varianten:

- direkte Amortisation Bank,
- indirekte Variante Bank via Säule 3a,
- indirekte Variante via Säule 3a bei der Versicherung sowie
- indirekte Variante via Säule 3b bei der Versicherung.

Profitieren Sie von dieser Berechnung, um Ihre Steuern massiv zu reduzieren! Den gesparten Betrag können Sie in Ihre Berechnung des Alterskapitalbedarfs einbeziehen.

Wenn das Pflegeheim winkt

Es handelt sich hier um ein Kapitel, das zwar an einer langfristigen Vorsorgeplanung nicht viel ändert, immerhin jedoch Klarheit darüber schafft, wie ein Pflegeheimaufenthalt zu finanzieren ist und wie weit die Verwandtenunterstützungspflicht reicht.

Finanzierungsprobleme

Wenn das Renteneinkommen nicht ausreicht, um den Pflegeheimaufenthalt zu finanzieren, muss auch das Vermögen eingesetzt werden. Erst wenn dieses bis zu einem Freibetrag (zurzeit Fr. 25 000.– für Alleinstehende, Fr. 40 000.– für Verheiratete) aufgebraucht ist, entsteht ein Anspruch auf Ergänzungsleistungen (EL). Finanzierungsprobleme können sich ergeben, wenn die in einer Liegenschaft gebundenen Vermögenswerte zu hoch sind, um einen Anspruch auf EL zu gewährleisten, ein Heimaufenthalt allein mit den vorhandenen Einkünften (AHV-Rente, Pension) aber trotzdem nicht voll finanziert werden kann. Leider steht dann wohl oder übel ein Verkauf der Liegenschaft oder eine Erhöhung der Hypothekarschulden zur Diskussion. Viele Rentner kommen in dieser Situation auf die Idee, die Liegenschaft im Sinne eines Erbvorbezugs, einer Schenkung oder eines Verkaufs wesentlich unter dem Marktpreis an ihre Nachkommen oder Drittpersonen zu übertragen, um sich die vorhandenen Vermögenswerte zu erhalten. Doch dieses Vorgehen ist in der Regel untauglich, denn es wird als sogenannter «freiwilliger Vermögensverzicht» betrachtet. Auf diese Weise «veräussertes» Vermögen wird in der Anspruchsberechnung für EL weiterhin so angerechnet, wie wenn es sich noch im Besitze der Betroffenen befinden würde. Das kann dazu führen, dass bei der Finanzierung eines Pflegeheimaufenthaltes Lücken entstehen, die dann allenfalls mit Beiträgen unterstützungspflichtiger Angehöriger gedeckt werden müssen. Damit wird der beabsichtigte Effekt der Erhaltung von Vermögenswerten selbstverständlich in Frage gestellt. Wie lange eine solche Übertragung des Eigenheims an Nahestehende zurückliegen muss, damit es nicht mehr als freiwilliger Vermögensverzicht taxiert wird, ist kantonal unterschiedlich. Nähere Informationen erhalten Sie bei der Gemeindeausgleichskasse Ihres Wohnorts. Ausführlichere Informationen enthalten die Merkblätter Sozialhilfe: Verwandtenunterstützungspflicht und Pflegeheim: Wie finanziere ich einen Pflegeheimaufenthalt. Sie sind zum Preis von Fr. 3.– erhältlich beim Beobachter-Leserservice, Postfach, 8021 Zürich, oder unter Tel. 01 448 89 81.

Über den richtigen Umgang mit Vollmachten

Bankvollmachten

Leider zeigt es sich in der Beratung immer wieder, dass viele Ehegatten noch keine Vollmacht zugunsten ihres Partners oder ihrer Partnerin errichtet haben. Das kann im Todesfall unerwünschte Folgen haben. Zur Langfristplanung der Altersvorsorge gehört daher auch die Verfügungsregelung mittels Vollmacht bei der Bank. Mit einer Bankvollmacht ist es aber keinesfalls möglich, erbrechtliche Angelegenheiten zu regeln. Tätigt ein Bevollmächtigter/eine Bevollmächtigte nach dem Tod des Vollmachtgebers unrechtmässige Bezüge, dann muss er/sie seitens der Erben mit einer Klage rechnen. Werden Bezüge getätigt, welche die Pflichtteile der Erben verletzen, so ist auch hier mit einer Rückforderungsklage der übrigen Erben zu rechnen. Erbrechtliche Verfügungen von Todes wegen sind nur mit einem Testament, Ehe- oder Erbvertrag möglich und rechtsgültig.

Standardvollmacht

Nach dem Tod des Konto- und Depotinhabers können die Erben ohne Vollmacht nur gemeinsam mittels einer Erbenbescheinigung über die Vermögenswerte des Verstorbenen bei der Bank verfügen. Will ein Anleger dies verhindern, so kann er mit einer Standardvollmacht der Bank eine oder mehrere Personen einzeln oder kollektiv bevollmächtigen. Mit Erteilung einer Vollmacht können Bevollmächtigte jederzeit, auch zu Lebzeiten des Vollmachtgebers, genau so über die Vermögenswerte verfügen wie der Eigentümer selbst. Sie können jedoch keine weitere Vollmacht zu Gunsten eines Dritten ausstellen. Damit Vollmachten gültig sind, müssen sie bei der Bank deponiert sein. Die von der Bank vorgedruckten Vollmachten werden auch Todesfallvollmachten genannt, weil diese im Fall des Ablebens des Vollmachtgebers nicht erlöschen. Oft ist aber dem überlebenden Bevollmächtigten nicht bekannt, dass direkte Erben – etwa Kinder – die Vollmacht jederzeit widerrufen können. Denn der Vollmachtstext enthält den Passus: «Die Vollmacht bleibt – schriftlicher Widerruf vorbehalten – auch im Falle des Todes oder der Handlungsunfähigkeit des/der Vollmachtgeber(s) unverändert weiterbestehen.» Der Widerruf durch einen Erben kann insbesondere der überlebenden Ehegattin finanzielle Probleme verursachen, sofern sie über keine anderen Geldmittel verfügt. Die Banken erlauben in einem solchen Fall in der Regel limitierte Bezüge für die dringendsten Todesfall- und Lebensunterhaltskosten, sofern die Erbenbescheinigung beigebracht wird.

Gemeinschaftskonto/-depot

Aus den oben erwähnten Gründen eignet sich für Eheleute das Ehegattenkonto und -depot besser als eine der üblichen Vollmachtsregelungen. Dieses Gemeinschaftskonto und -depot verhindert eine vorübergehende Blockierung der Vermögenswerte. Dabei handelt es sich aber nicht um eine Vollmacht, sondern um einen Vertrag zwischen Bank und Ehegatten, wozu ebenfalls ein Standardformular der Bank verwendet wird. Darin wird vereinbart, dass im Falle des Todes eines Unterzeichneten alle Vermögenswerte bei der Bank auf den Überlebenden übergehen. Da es sich um ein Gemeinschaftskonto handelt, ist keine Vollmacht erforderlich und daher auch keine widerrufbar. Wie im Fall der Vollmacht sind allerdings auch mit diesem Vorgehen keine erbrechtlichen Zuwendungen möglich. Das Gemeinschaftskonto/-depot wird mitunter auch als «und/oder»-Konto und -Depot bezeichnet.

Geldberater-Tip:
Erteilen Sie der Bank gleichzeitig eine Adress-Instruktion. Alle Anzeigen der Bank lauten ohne gegenteilige Weisung im Adressfeld auf die beiden Namen mit «und/oder». Daraus kann der Pöstler oder jede beliebige Person entnehmen, dass es sich um vertrauliche Korrespondenzen der Bank handelt. Als Empfänger der Bankkorrespondenzen muss einer der beiden Partner bezeichnet werden, der dann auch alleine im Adressfeld aufgeführt wird. So bleibt die Diskretion voll gewahrt.

Banksafe

In der Regel muss für den Banksafe eine separate Vollmacht unterzeichnet werden, denn die bestehende Vollmacht gilt nur für das Konto und Depot. Auch wenn Erben im Besitze des Schrankfachschlüssels sind, können sie das Schrankfach ohne Erbenbescheinigung nicht öffnen. In Kantonen mit amtlicher Inventarisation wird zudem der Steuerbeamte bei der Öffnung zugegen sein. Jeder Schrankfachinhaber sollte also eine seinen Wünschen entsprechende Vollmachtsregelung vornehmen und sich der Probleme bewusst sein, die entstehen, wenn im Schrankfach unversteuerte Vermögenswerte zum Vorschein kommen. Zwar werden die Erben dafür nicht direkt bestraft, aber es wird eine Straf- und Nachsteuer erhoben, die aus dem Nachlass zu bezahlen ist.

Keine Vollmachten für ein Konto Säule 3a

Für ein Konto der Säule 3a ist eine Vollmachtserteilung nicht möglich. Das Gesetz regelt die Begünstigung wie auf Seite 55 beschrieben. Konkubinatspartner können sich grundsätzlich gegenseitig begünstigen, wenn Ehegatten und direkte Nachkommen fehlen oder wenn der/die Verstorbene in massgeblicher Weise für die Partnerin/den Partner aufgekommen ist. Die massgebliche Unterstützung lehnt sich an die Voraussetzungen für die

«Konkubinatswitwenrenten» gemäss AHV-Recht an. Für diese Konkubinatsregelung ist erstens eine Verfügung im Testament und zweitens die eingeschriebene Mitteilung an die Bank oder die Versicherung erforderlich.

Verwaltungsvollmacht

Verwaltungsvollmachten entbinden ungeübte oder mit Geldfragen weniger vertraute Sparer und Sparerinnen von Verwaltungssorgen, denn die Bank übernimmt die volle Verwaltung ihres Vermögens. Lesen Sie die vorgedruckte Verwaltungsvollmacht der Bank im eigenen Interesse genauestens, da die Verwaltungs- und Handlungsmöglichkeiten von den Banken zum Teil sehr weit ausgelegt werden und somit entsprechende Risiken bergen. Viele Anleger beauftragen die Bank mit der Verwaltung ihres Vermögens, weil sie sich dadurch höhere Gewinne und Renditen erhoffen. Leider werden sie aber oft enttäuscht. Die Entwicklung des verwalteten Depotvermögens orientiert sich unter anderem auch am Anlageziel, das der Anleger festgelegt hat. Dieses kann von «konservativ» bis «spekulativ» reichen – mit den entsprechenden Konsequenzen. In einem klärenden Gespräch mit dem Anlageberater müssen das Anlageziel und die persönliche Risikobereitschaft genau definiert werden. Verwaltungsvollmachten bieten keine Garantie für höhere Renditen und Kursgewinne. Handelt die Bank im Rahmen der Verwaltungsvollmacht korrekt und gemäss den vereinbarten Anlagerichtlinien, so haftet sie nicht für allfällige Verluste oder geringe Renditen. Die Gebühren sind von Bank zu Bank verschieden. Sie bewegen sich zwischen 0,25 und 5% des verwalteten Depots. Gewinnbeteiligungs-Kommissionen sind bei Banken nicht üblich; eine solche Vereinbarung sollten Sie auch nicht unterzeichnen. Denn die Gegenpartei beteiligt sich ja auch nicht an den Verlusten und streicht die Kommission auch im Fall einer unbefriedigenden Vermögensentwicklung ein.

Geldberater-Tip:
Besondere Vorsicht ist im Fall von Verwaltungsvollmachten an Vermögensverwalter zu empfehlen, die nicht dem Verband Schweizerischer Vermögensverwalter (VSV) angehören.

Danke

Nachdem Sie diese Broschüre nun eingehend studiert haben, verfügen Sie über ein umfassendes Wissen, um Ihre Vorsorgeplanung selbst an die Hand zu nehmen. Die hier enthaltenen Informationen, Testbeispiele und Anlageziele helfen Ihnen dabei, Ihr angestrebtes Vorsorgekapital mit System aufzubauen und Ihr Ziel sicher zu erreichen.

Bitte anfeuchten und zukleben.

ANTWORTKARTE.

☐ Das PRIVILEGIA VORSORGEKONTO 3. SÄULE hat mich überzeugt, bitte senden Sie mir die Unterlagen zur Kontoeröffnung.

☐ Das FREIZÜGIGKEITSKONTO 2. SÄULE hat mich überzeugt, bitte senden Sie mir die Unterlagen zur Kontoeröffnung.

Bitte senden Sie mir zusätzliche Informationen über:

☐ LifeFund – die Lebensversicherung mit Anlagefonds nach Wahl

☐ LifeStar – die klassische kapitalbildende Lebensversicherung mit Performancegarantie

☐ LifePension – die private Rentenversicherung als Ergänzung zur obligatorischen Vorsorge

☐ Ich wünsche eine persönliche Beratung zu folgenden Produkten:

- ☐ 2. und 3. Säule Altersvorsorge
- ☐ CS Life Produkte

Bitte rufen Sie mich an.

Bitte anfeuchten und zukleben.

Bitte anfeuchten und zukleben.

Name

Vorname

Strasse, Nr.

PLZ, Ort

Bitte rufen Sie mich an.

☐ Geschäft ☐ Privat Telefon:

Sie erreichen mich am besten zwischen Uhr und Uhr.

☐ Ich bin Kundin/Kunde der CREDIT SUISSE,

Geschäftsstelle:

Karte einfach am Rand anfeuchten, zusammenkleben und zurücksenden.

Nicht frankieren
Ne pas affranchir
Non affrancare

Geschäftsantwortsendung Invio commerciale-risposta
Envoi commercial-réponse

CREDIT SUISSE
Cif 2
Postfach 100
8070 Zürich

DIE UMFASSENDE FINANZBERATUNG DER CREDIT SUISSE GROUP.

Als Bank, die ihre Kunden über Jahre hinweg finanziell beraten will, bietet die CREDIT SUISSE auch Lösungen im Vorsorge-, Steuer- und Erbschaftsbereich an. So profitieren Sie von einer erweiterten Finanzberatung, die Bank- und Versicherungsaspekte gleichermassen berücksichtigt.

Der Kunde im Zentrum.
Grundlage der qualitativ hochstehenden Beratung ist der Lebenszyklus des Menschen. In bestimmten Lebenssituationen, zum Beispiel beim Aufbau eines Geschäfts, bei der Finanzierung eines Eigenheims oder bei der Pensionierung, entstehen vielfältige finanzielle Bedürfnisse. Die Kreditberater berücksichtigen in erster Linie die Absicherung der Angehörigen des Kreditnehmers oder steuergünstige Amortisationsmöglichkeiten. Die Anlageberater ermitteln die Risikobereitschaft und die Renditeerwartungen ihrer Kunden, besprechen mit ihnen auch Vorsorgebedürfnisse und Steuerfragen. So werden Lösungen gefunden, die sich für die Kunden auszahlen und ihnen Sicherheit geben.

PRIVILEGIA.
INDIVIDUELL VORSORGEN UND STEUERN SPAREN.

Ihr Vorsorgekonto mit Steuerprivileg.

Mit dem PRIVILEGIA VORSORGEKONTO 3. SÄULE profitieren Sie von unserem verrechnungssteuerfreien Vorzugszins. Ihre jährliche Einzahlung können Sie vom steuerbaren Einkommen abziehen. Mit PRIVILEGIA schaffen Sie sich ein sicheres finanzielles Polster und eine sinnvolle Ergänzung de Rentenleistungen aus AHV/IV und Pensionskasse. Schon fünf Jahre vo Erreichen des gesetzlichen Pensionsalters können Sie über Ihr Vorsorgekapita frei verfügen. Vorzeitige Bezugsmöglichkeit unter anderem in folgenden Fällen

- Schritt in die Selbständigkeit
- Wegzug ins Ausland
- Erwerb von Wohneigentum

PRIVILEGIA mit Vorsorgehypothek.

Finanzieren Sie Ihr Wohneigentum steuergünstig mittels indirekter Amortisation. Mit einer Vorsorgehypothek sparen Sie die Amortisation auf Ihrem PRIVILEGIA VORSORGEKONTO an. Dank der aufgeschobenen Rückzahlung profitieren Sie von einer konstant hohen, steuerlich voll abzugsberechtigten Hypothekarzinsbelastung.

Einsatz als indirekte Amortisation

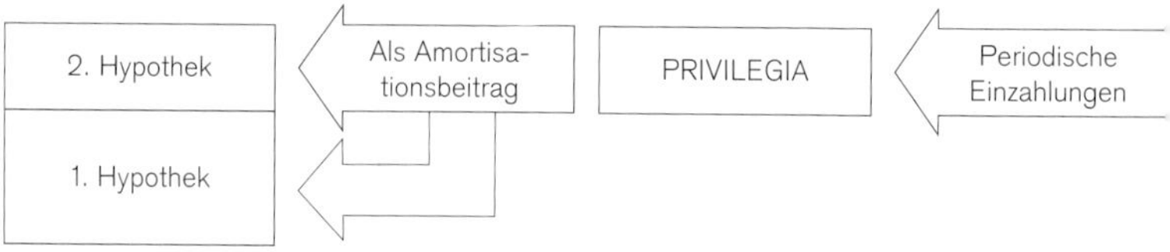

PRIVILEGIA Wertschriftensparen.

Mit dem angesparten Guthaben auf Ihrem Vorsorgekonto können Sie Ansprüche der CREDIT SUISSE ANLAGESTIFTUNGEN erwerben. So konnte in den letzten zehn Jahren eine Durchschnittsrendite von 8,5% (Quelle: Watson-Wyatt, Performance-Vergleich, Anlagestiftungen 30.6.97) erzielt werden.

PRIVILEGIA mit separater Risikoversicherung der Winterthur-Leben.

Eine umfassende finanzielle Absicherung für Sie und Ihre Familie ist der Abschluss einer Risikoversicherung als Ergänzung zu Ihrem PRIVILEGIA VORSORGEKONTO.

Die Leistungen:

- Schutz im Todesfall
- Schutz bei Erwerbsunfähigkeit (Invalidität)

Beispiel:

Versichertes Kapital auf 25 Jahre	CHF 150 000.–
jährliche Abnahme (CHF 150 000.– : 25)	CHF 6000.–

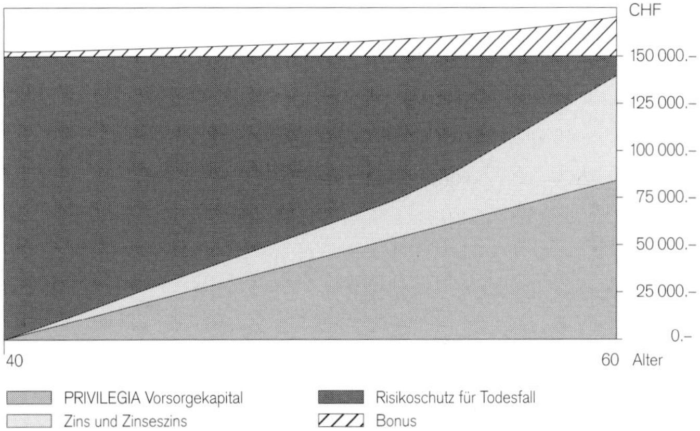

PRIVILEGIA.

- Mit Steuerprivileg
- Mit überdurchschnittlicher Rendite
- Für steuergünstig finanziertes Wohneigentum
- Für umfassende Sicherheit bei Tod und/oder Invalidität

DAS FREIZÜGIGKEITSKONTO 2. SÄULE.

Das ideale Konto für Vorsorgegelder.

Wenn Ihr Vorsorgekapital der 2. Säule zum Anlegen frei wird, bietet sich das FREIZÜGIGKEITSKONTO der CREDIT SUISSE als idealer «Parkplatz» an. Das FREIZÜGIGKEITSKONTO dient ausschliesslich dem Zweck der beruflichen Vorsorge (2. Säule).

Als Kontoinhaber profitieren Sie vom Vorzugszins, nutzen die Steuervorteile und können mit dem Freizügigkeitskapital Wohneigentum finanzieren. Im Alter sichern Sie sich die Auszahlung eines grösseren Kapitalbetrags.

Mit Ihrem Freizügigkeitskapital können Sie aber auch Anteile der CREDIT SUISSE ANLAGESTIFTUNG erwerben und erzielen damit eine noch höhere Rendite. Dank breiter Diversifikation profitieren Sie von einem optimalen Rendite-Risiko-Verhältnis.

LIFEFUND – DIE INNOVATIVE FORMEL FÜR FLEXIBILITÄT, SICHERHEIT UND PERFORMANCE.

LifeFund ist eine kapitalbildende Lebensversicherung auf der Basis von Anlagefonds, die Sie frei wählen können. Sie können LifeFund mit Prämien oder mit einer Einmaleinlage finanzieren.

Sie bestimmen Ihre persönliche Anlagestrategie.
Zur Auswahl stehen Ihnen über 90 Anlagefonds, darunter Portfoliofonds, Aktien-, Obligationen-, Geldmarkt- und Immobilienfonds. Die Zusammensetzung der Fonds können Sie jederzeit ändern. Sie partizipieren an der Performance der gewählten Fonds mit allen Chancen und Risiken wie bei herkömmlichen Fondsanlagen.

Risikoschutz.
LifeFund bietet den Risikoschutz und die übrigen Vorzüge der klassischen Lebensversicherungen. Bei Ablauf erhalten Sie den Wert der Fondsanteile, bei vorzeitigem Tod wird mindestens das garantierte Kapital an die Begünstigten ausbezahlt.

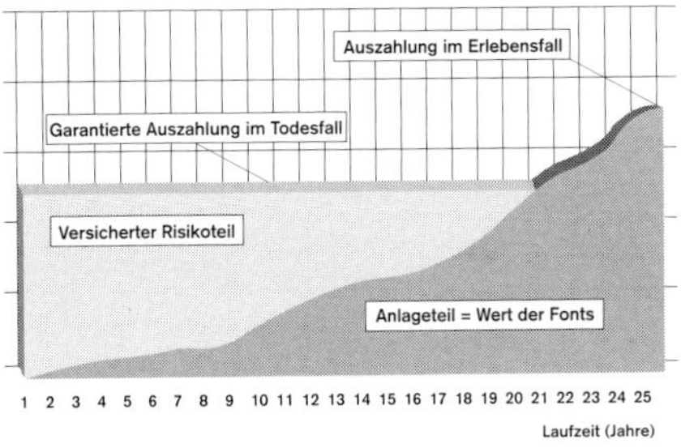

Entwicklung eines LifeFund, finanziert mit Jahresprämien, über 25 Jahre.

Mehr Ertrag dank Steuerprivileg.
Alle Erträge aus LifeFund sind einkommenssteuerfrei, sofern die Laufzeit mindestens 10 Jahre beträgt. Bei Finanzierung mit Einmaleinlage muss der Versicherungsnehmer bei Ablauf 60 Jahre oder älter sein.

LIFESTAR – DIE IDEALE VERBINDUNG VON KAPITAL-BILDUNG UND RISIKOSCHUTZ.

LifeStar verbindet zwei wichtige Bedürfnisse: langfristige Vermögensbildung und -erhaltung bei höchster Sicherheit. Ihre Prämienzahlungen oder Ihre Einmaleinlage wird in einem Sicherungsfonds angelegt, der einer strengen staatlichen Aufsicht untersteht. Praktisch 100% der Anlagen werden dabei in Obligationen von erstklassigen Schuldnern getätigt. Über den Stand Ihrer Investition werden Sie jährlich informiert. Am Ende der Laufzeit wird das bei Abschluss garantierte Kapital zuzüglich der aufgelaufenen Überschüsse ausbezahlt.

Anlage und Vorsorge.

LifeStar ist auch Vorsorge: Im Todesfall wird das garantierte Kapital inklusive der aufgelaufenen Überschüsse sofort und direkt an die Begünstigten ausbezahlt.

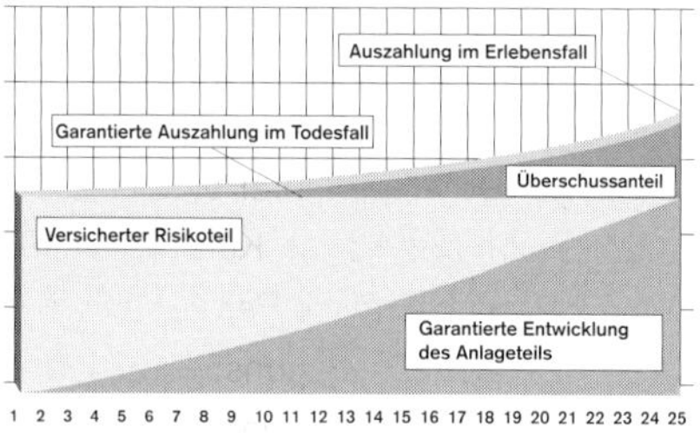

Entwicklung eines LifeStar, finanziert mit Jahresprämien, über 25 Jahre.

Steuervorteile und Währungen.

Alle Erträge aus LifeStar sind einkommenssteuerfrei. Bei Finanzierung mit Einmaleinlage muss aber die Laufzeit mindestens 5 Jahre betragen, und bei Ablauf muss der Versicherungsnehmer 60 Jahre alt oder älter sein. LifeStar können Sie in CHF, USD, DEM und XEU (ECU) abschliessen.

LIFEPENSION – SICHERES EINKOMMEN NACH DER PENSIONIERUNG.

LifePension ist eine Rentenversicherung. Gegen eine oder mehrere Einzahlungen garantiert sie ein regelmässiges Einkommen bis ans Lebensende. Auf diese Weise können Sie zum Beispiel die Auszahlung der 3. Säule in eine lebenslange Rente umwandeln.

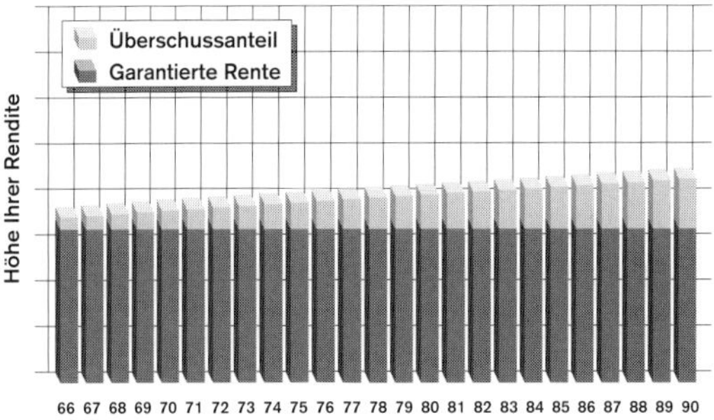

Flexible Gestaltung.
Sie selbst bestimmen den Rentenbeginn, Höhe und Verlauf der Renten sowie die Begünstigung. Sie können LifePension auch auf zwei Personen abschliessen. Die Rente wird dann ohne Kürzung weiterbezahlt, auch wenn eine Person vorzeitig stirbt. Sollten beide Personen sterben, bevor das Kapital aufgebraucht ist, wird dieses an die Begünstigten ausbezahlt. Die Begünstigung im Todesfall kann frei gewählt und jederzeit einfach geändert werden. LifePension-Renten müssen nicht selbst bezogen werden. Sie können auch an Dritte ausgerichtet werden, denen ein regelmässiges Einkommen ausbezahlt werden soll.

Steuerliche Behandlung.
Die Rente ist in den meisten Kantonen zu 60 Prozent als Einkommen steuerbar. Im Vergleich zu anderen Lösungen erhöht sich damit das verfügbare Einkommen. Schieben Sie den Rentenbeginn auf, so sind die Erträge auf dem angelegten Kapital während der Aufschubszeit einkommenssteuerfrei.

DAS EINMALIGE ANLAGEKONZEPT DER CS LIFE.

GRÖSSTMÖGLICHE SICHERHEIT FÜR GARANTIERTE LEISTUNGEN UND ÜBERSCHÜSSE.

Das Anlagekonzept der CS Life bietet den Kunden grösste Sicherheit. Die garantierten Leistungen und die Überschüsse sollen im Zeitpunkt der erwarteten Fälligkeiten sicher ausbezahlt werden können.

Präzises Abstimmen von Anlagen und Verbindlichkeiten.
Die Laufzeiten der Anlagen werden auf die Verbindlichkeiten abgestimmt. Das Zinsänderungsrisiko wird ausgeschaltet, und gleichzeitig ist sichergestellt, dass im Zahlungszeitpunkt die vereinbarte Summe zur Verfügung steht – unabhängig von der späteren Zinsentwicklung.

Ein weiterer Grundsatz von CS Life besteht darin, die Sicherungsfonds für die Policen in den verschiedenen Währungen getrennt zu führen, um eine möglichst hohe Transparenz zu gewährleisten.

Sicherheit auch bei Überschüssen.
Ihre Einlagen werden zu einem zum Zeitpunkt der Einzahlung festgelegten und bis zum Ablauf der Police geltenden Zinssatz verzinst. Dieser orientiert sich am jeweiligen Kapitalmarktzins. Wird LifeStar durch Prämien finanziert, muss mit einer Abweichung zwischen Offerte und effektiv erzielten Überschüssen gerechnet werden. Denn niemand kann die Höhe der Marktzinsen zukünftiger Einzahlungen voraussagen.

Mein persönlicher Amortisationsvergleich

Interessieren Sie die Vorteile der indirekten Amortisation?
Bestellen Sie den Fragebogen für Ihre persönliche Steuerberechnung! Ein Beispiel für die persönliche Amortisationsberechnung finden Sie auf Seite 68. Und so geht's:

1. Untenstehenden Coupon ausfüllen und mit frankiertem und adressiertem C5-Couvert einsenden. Achtung: Ohne Rückantwort-Couvert können wir Ihre Bestellung nicht bearbeiten!
2. Sie erhalten den Fragebogen, den Sie ausfüllen und einsenden.
3. Fr. 49.–* einzahlen und Postquittung dem Fragebogen beilegen.

Vorname, Name

Strasse, Nr.

PLZ, Ort Kanton

Datum, Unterschrift

*Als Besitzer oder Besitzerin dieser Broschüre profitieren Sie vom Vorzugspreis von Fr. 49.– (regulärer Preis Fr. 65.–)

Coupon in ein Couvert stecken, frankiertes und adressiertes Rückantwortcouvert beilegen und senden an: Herrn Giuseppe Botti, Beobachter, Hypotheken, Postfach, 8021 Zürich

Beobachter

Gutschein, um Beobachter zu werden.

Ich will von der Schnupperabo-Aktion profitieren und 6 Beobachter-Ausgaben für nur 10 Franken.

Name

Vorname

Strasse, Nr.

PLZ, Ort

Telefon

Gewünschter Abobeginn

Datum, Unterschrift S7 001 714 900 001

Dieses Angebot gilt nur für Neuabonnenten. Preis Stand September 1997. Alle Preise inkl. 2% MWSt.

Coupon in ein Kuvert stecken und senden an:
Beobachter, Abodienst, Postfach, 8021 Zürich

Beobachter

Optimieren Sie Ihr Budget.

Die Tribut AG lanciert im kommenden Jahr einen Budget- und Vermögensplaner (PC-Programm), den Sie als Leser/Leserin dieser Broschüre zu einem Vorzugspreis über den Beobachter beziehen können. Das Programm erlaubt Ihnen, Ihr individuelles (Familien-)Budget zu erstellen, ein Sparziel konsequent zu verfolgen und Ihre Steuern zu optimieren. Zur Verfügung steht eine Fülle von aktuellsten statistischen Angaben, die Sie mit Ihren eigenen Daten ergänzen können.

Wenn Sie wirklich wissen wollen, wohin Ihr Geld jeden Monat fliesst, fordern Sie unsere Informations- und Bestellunterlagen an!

☐ **Ich bin am PC-Budget- und Vermögensplaner der Tribut AG interessiert und bestelle die kostenlosen Informations- und Bestellunterlagen. Dies verpflichtet mich nicht zu einem späteren Kauf.**

Vorname, Name

Strasse, Nr.

PLZ, Ort

Datum, Unterschrift

Coupon in ein Couvert stecken und senden an:
Beobachter-Buchverlag, Postfach, 8021 Zürich

Beobachter

Richtig Geld anlegen.

Möchten Sie eine weitere Broschüre von Giuseppe Botti kennenlernen? Die Broschüre «Richtig Geld anlegen» (August 1997) befasst sich mit der Sicherheit von Banken und Versicherungsgesellschaften, geht detailliert auf Anlagefonds ein, gibt Auskunft über die Säule 3b, vermittelt Tips für Eigenheimbesitzer und warnt vor unseriösen Finanzberatern. Zur Broschüre gehört eine Audio-CD mit den fünf begleitenden Radiosendungen von Schweizer Radio DRS.

Meine Bestellung:

☐ Expl. **«Richtig Geld anlegen»** zum Vorzugspreis von **Fr. 15.– (regulärer Preis Fr. 18.–)** zuzüglich Versandkosten.

Vorname, Name

Strasse, Nr.

PLZ/Ort

Datum, Unterschrift

Coupon in ein Couvert stecken und senden an:
Beobachter-Buchverlag, Postfach, 8021 Zürich

Beobachter